KB162228

안녕,  아름다웠던
가게

아름다운
가게

상록수점

문턱낮은 마을가게
문 닫은 이야기

아름다웠던가게

조일동
김기영
최은영
이승미
지음

깊은숨

선생님 어제 왜 안 오셨어요,
어디 아프셨어요? 할 때 고맙고, 보람되고,
행복했던 것 같아요.

어딜 다녀올 때는
가게를 꼭 들렀다가 가.

여기는 나의 속풀이기도 하고
눈요기하는 곳이기도 해요.
저는 여기를 그래서 많이 애용해요.

상록수점 송별행사

# 상록수점 안녕

일시 **2017년 7월 28일(금)**

장소 **아름다운가게 상록수점**

수익금은 아름다운가게를 통해 자선병원 빈센트의원의 의약품 구입에 사용

다문화 이주민분들
쉽게 다가갈 수 있는
상록수점이에요.

아름다운가게에서
물건 구경하면서
복잡한 생각들을 모두 잊어요.
아름다운가게가 없어지면
우울할 것 같아요.

아름다운가게 이용자들을
단순히 소비자가 아니라
운영자들로서 봐야 해요.

기증하냐고요?
도 거기서 사고 좋았었으니까.
가 받은 거만큼 나누고 싶은
음이 크잖아요.

봉사활동 하는 선생님들도 좋...
손님들 다 좋고.

아름다운가게를 통해 지역 소외계층 지원에 쓰여집니다.

년, 송별행사

안녕

상록수점    아름다운가게

아름다운가게 상록수점만 가진
지역주민들과의 소통이 있어요.
물건을 굳이 사지 않아도 안부를
묻고 아이들이 커가는 것을
몸으로 느끼고.

아름다운가게 가면
항상 편안했던 거

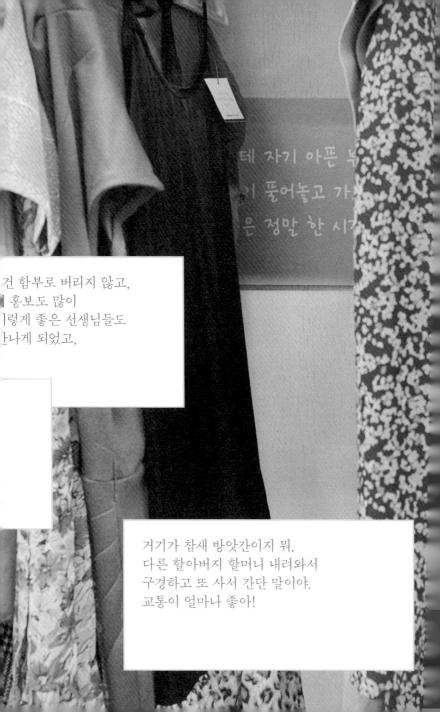

테 자기 아픈 부
기 풀어놓고 가
은 정말 한 시

건 함부로 버리지 않고,
홍보도 많이
렇게 좋은 선생님들도
나게 되었고,

거기가 참새 방앗간이지 뭐,
다른 할아버지 할머니 내려와서
구경하고 또 사서 간단 말이야.
교통이 얼마나 좋아!

물건을 딱 고르
그때 내 스트러
싹 없어져.

일자리를 구하러 오신
외국인 노동자분들이 마음 편히
시간을 보낼 수 있는 곳이
우리 가게에요.

아름다운가게에서 막 떠들어도
물건도 만져도 되고, 이게 원래
다 그런 걸까요?
상록수점의 특징일까요?

운 기억이 너무

...야기하고 정말 편하게 이용할 수 있는
...이 여기가 아닌가 하는 생각이
...이 들어요.

여기는 물건 보그
사람 만ㄴ

...봉사하는 학생들과 이야기
...어 하세요. 젊은 사람들의
...어 하시면서 같이
...는 게 정말 좋아요.

우리 아이들을 여기서 키웠어요.

여기가 없어지면 안 돼. 다른 사람은
어떨지 몰라도 제가 본오동에서
사는 날까지는 아름다운가게를
사랑할 거예요.

## 오는 게 아니라

## 러 와요.

여기에 오면 참 행복해요.
아름다운가게 사람들이 다들
반갑게 맞이해주고 문도 열어줘서
그게 참 좋아요.

자원 활동가분들이
손님들이랑 맺은 관
참 깊구나.

아름다운 기억이
너무 많아요.

# 서문

애초에 이 프로젝트의 의도는 기록이었다. 사라져가는 것을 완전히 사라지기 전에 면밀히 기록해 두는 것. 세월호 참사가 일어난 지 3년이 지난 2017년 2월, 배는 아직 바다 속에 있었고 진상은 밝혀지지 않았다. 광장에서 겨울 내내 촛불은 타올랐지만 그 이후 어떻게 될지는 아무도 몰랐던 그 날, 우리는 안산 치유공간 이웃에서 세월호 지원 활동가들이 지어준 밥을 먹으며 안산지역의 시민사회운동에 대해 이야기를 나누었다. 그 곳에서 세월호 유가족모임과 함께 일을 해 온, '아름다운가게' 상록수점 매니저로부터 가게를 닫는다는 소식을 전해 들었다. 의미 있고 특별한 가게로서 문을 닫기에는 아쉬움이 많은 장소라 폐점하기 전에 이 가게의 이야기를 기록했으면 좋겠다고 했다.

아름다운가게 5호점이자 서울 외 지역에서는 1호점으로 2003년에 문을 연 상록수점은, 문을 연지 14년 만에 계속된 수익률의 저조로 폐점하게 되었다. 사회적기업은 수익률 제고와 사회적 가치의 실현이라는 양립하기 어려운 목표를 실현해야 한다는 면에서 내재적 한계가 있다. 아름다운가게는 영국의 '옥스팜'Oxfam을 모델로 하고 있다. 옥스팜은 전 세계 800개 매장을 운영한다. 우리나라 산간 도서지역에도 아름다운가게를 열어 총 200개의 매장을 운영하는 것이 본부직원들이 이야기하는 아름다운가게의 비전이다. 운영의 구조상 수익률이 중요한데, 이는

적자가 큰 한두 개의 매장이 전체를 위태롭게 하기 때문이다. 카드수수료의 부담, 물류를 기부했던 업체의 무상공급 중단, 무료로 사용하던 공간에 임대료 지급, 수익률이 낮지만 정치적인 이유로 폐점할 수 없는 특정 지역매장 상황 등 기업경영에 어려움이 많았다. 이런 상황 속에 상록수점의 폐점은 예견된 것이었다.

'아름다운가게 상록수점'은 아름다운가게 기업 측 입장에서 보면 전국 100여개 지점 중 하나일 뿐이다. 그러나 상록수점을 매일 같이 드나들었던 단골이나, 몇 년씩 자원봉사자로 일하며 가게를 꾸려갔던 '활동천사'에게는 세상에 딱 하나뿐인 '우리 가게'였다. 물건을 골라놓고 서서 이야기를 나누던 이들, 더운 여름날 에어컨이 켜져 있는 가게 안으로 들어 와 쉬었다 가던 이들, 엄마가 쇼핑하는 사이 가게 장난감으로 놀던 아이들, 이 층으로 올라가 책을 읽던 이들에게 이 공간은 가게이자 사랑방이었다. 지역주민과 함께하는 마을가게를 만들고자 했던 상록수점의 실험은 이렇게 끝나는 걸까? 그 의미라도 남겨둬야 다른 실험을 꿈꿀 수 있지 않을까? 그래서 그 공간을 사랑하며 드나들던 사람들의 이야기를 통해 마을가게로서 상록수점의 의미를 기록하는 작업을 시작하기로 했다. 상록수점을 아끼고 사랑했던 사람들에게는 사라진 공간에 대한 기록이 선물이 되기를 바라는 마음에서, 그리고 공동체 공간으로서 가게를 꿈꾸며 만들어가고자 했던 이들에게는 또 다른 실험을 꿈꿀 토양이 되기를 바라는 마음에서 아름다운가게 상록수점의 폐점 과정을 기록했다.

-----

2017년 3월 16일, 아름다운가게 상록수점에서 첫 모임을 가졌다. 옷에 붙은 먼지 때문이었는지, 개장시간이라 문을 열어놓아서였는지, 연구원 중 몇 명이 연신 재채기를 하느라 근처 식당으로 자리를 옮긴 것이 가게에 대한 첫 인상이다. 회의에는 교육학, 인류학, 지리학, 사회복지학 등 다양한 학문적 배경을 가진 5명의 연구자가 모였다. (참여관찰기간 중 한명은 개인적인 사정으로 그만 두었다.) 백서, 사진첩, 인터뷰 모음집 등 연구의 결과물에 대한 다양한 이야기가 오갔다. 결과물이 무엇이든 여름이면 폐점이 될지도 모르며, 이곳을 드나드는 손님들도 곧 폐점 소식을 듣게 될 것이므로 가능한 빨리 연구를 시작해야 했다.

우리는 민족지ethnography를 방법론으로 택하는데 동의하고 하루라도 빨리 관찰을 시작하기로 했다. 일주일 단위로 요일을 정해 관찰하고 각자의 관찰기록을 회의시간에 공유했다. 관찰은 자연스럽게 참여관찰이 될 수밖에 없었다. 귓속말이 아닌 이상 가게 안 어디서 대화를 해도 누구나 들을 수 있는 규모, 창고에 숨지 않는 이상 가게 안 어디에 있더라도 서로의 존재가 드러

날 수밖에 없는 구조에서, 가게를 찾는 사람들과 자원봉사자, 매니저 사이에서 벌어지는 일을 제3자로서 관찰하며 기록할 수 없었다. 기록을 위해 노트를 펼치는 순간 현장과 연구자 사이의 긴장감이 발생했고, 그 긴장은 현장에 대한 관찰을 참여로 이끌었다. 이미 이 공간의 거의 모든 사람들은 깊은 신뢰 관계를 맺고 있었고, 이방인의 출현에도 당황하지 않았다. 중고물건을 고르고, 대화에 참여하고, 가게를 찾은 아이들과 노는 일에도 연구진은 함께하지 않을 수 없었다.

참여관찰이 진행되면서 연구진은 이 공간과 사람에 대한 기록이 아름다운가게 상록수점의 특수한 사례를 기록하는 것 이상의 의미를 발굴할 수 있을 것이란 생각을 하게 되었다. 과도한 경쟁과 경제지상주의에 휩쓸린 한국사회에서 소외된, 혹은 소외될 수밖에 없는 사람들 사이의 연대와 자존감 회복의 가능성을 발견한 것이다. 이 와중에 경기문화재단의 '보이는마을' 사업의 지원을 받을 수 있게 되었다. 아름다운가게 상록수점의 매니저에서부터 자원봉사자, 주요 단골, 아름다운가게 본부의 직원, 그리고 이 공간을 거쳐 간 여러 관련 인물들에 대한 인터뷰, 초점집단인터뷰focus group interview 등 자료 수집을 위한 지원창구를 만난 셈이었다. 곧바로 초점집단인터뷰 참가자 명단을 작성하고 일정을 확인하기 시작했다.

첫 초점집단인터뷰는 2017년 6월, 자원봉사자들을 대상으로 시행되었다. 오전 11시에 시작된 초점집단의 인터뷰는 예정했던 2시간을 훌쩍 넘어 오후 4시가 다 되어서야 끝이 났다. 이는 남성노인, 여성노인, 아기엄마 그룹으로 나눠서 진행한 단골손님을 대상으로 한 인터뷰에서도 마찬가지였다. 초점집단인터뷰 참가자 수와 상관없이 매번 끝없는 이야기가 흘러나왔고, 모든 그룹은 제한된 시간을 아쉬워하며 다음 인터뷰를 기약했다. 연구진이 던진 공통의 질문은 단순했지만 참가자들 사이에서 기억과 기억이 만나고 공간에서의 경험과 경험이 어우러지면서 각자의 행위와 생애, 체험이 교환되고 생성되기 시작했다. 의도하진 않았으나 짧은 시간 동안 집중력 있게 생겨난 일종의 협력적 구술생애사collaborative oral life-history 현장이 된 셈이었다. 초점집단인터뷰는 연구진이 듣고자 했던 아름다운가게 상록수점을 중심으로 한 개인의 생활과 의미뿐만 아니라 안산이라는 도시의 역사, 도시화와 소외의 과정, 개인정체성의 형성과 유지 기제가 어떻게 이 가게와 씨실날실로 촘촘히 엮여 있는지 드러내 주었다. 상록수점에 대한 각자의 기억이 공동으로 확장되는 기억 워크숍의 장이 된 것이다. 개인의 삶을 이야기 하지만 각자의 생애를 따라 별개로 구술되는 것이 아니라 아름다운가게 상록수점이라는 공간과 역사를 근거로 두고 일종의 모자이크처럼 서로의 삶이 배치되는 경험을 한 것이다. 이를 통해 오랜 시간 이 공간을 이용하면서 익히 알고 있던 인물들 사이에서도 서로의 생애를 재발견하고 공동의 기억으로 재구성하는 특별한 경험이 만들어졌다.[1] 이야기 과정을 통해 참가자들은 공동체에 소속감을 느끼게 되었고 자신의 삶이 주목받는 느낌이 들었고, 그 별 볼일 없을 것 같은 이야기가 연구의 자료가 된다는 것에 자부심을 느꼈다.

이 연구에서 우리는 모두 24명을 인터뷰했다. 우선 아름다운가게 본부 정책결정자와 4명의 매니저를 인터뷰했다. 초대 매니저는 다른 도시에서 요양 중이라 서면 인터뷰로 갈음했다. 그리고 개점 첫해부터 14년 간 활동해 온 자원봉사자부터 6년 이상씩 일 해온 자원봉사자 6명, 남자 어르신 2명, 아기엄마 4명, 여성 어르신 5명을 초점집단인터뷰했다. 초점집단인터뷰는 가게 폐점 이전·이후로 나누어 같은 사람에 대해 두 번 진행했다. 인터뷰에 초대되었

1. 해외의 경우 이러한 공동 기억을 만드는 집합적 구술의 사례로 Blackburn, K., 2013, "The 'Democration' of Memories of Singapore's Past", *Journal of the Humanities and Social Sciences of Southeast Asia* 169(4), p. 431~456. 그리고 Riano-Alcala, P., 2008, "Seeing the Past, Visions of the Future: Memory Workshops with Internally Displaced Persons in Colombia", P and L. Shipested), *Oral History and Public Memories*, Temple University Press. 등을 참고 할 수 있으며, 한국의 경우라면 Park, C. J., 2016, 'IRB와 구술사 연구실무: 연민지향과 인격적 교유 경매사 연뇌' 사례를 중심으로', '구술사연구' 7(2), pp. 133~161.을 관련 사례로 지목할 수 있을 것이다.

던 남자 어르신 두 분은 대학교 연구실에서 진행되는 인터뷰가 영 쑥스러운지 끝내 나타나지 않으셨다. 이 두 분에 대한 기록은 참여관찰 및 현장에서의 인터뷰를 통한 기록으로 대신했다. 11월이 되자 A4용지 한 박스를 훌쩍 넘는 방대한 분량의 기록이 모였다.

———

작은 가게 하나를 놓고 네 사람의 연구자가 일여 년 동안 마을가게 사람들과 같이 울고 웃었다. 도대체 그 작은 가게의 무엇이 우리를 이토록 붙잡아두고 있는 것인지 우리도 의아했다. 가게는 여름에 문을 닫았지만 가게 사람들과 모임은 이렇게 저렇게 이어졌다. 마을사람들은 폐점 이후 진행된 초점집단인터뷰뿐만 아니라 한양대학교 행사에 안산 주민대표로 초대되기도 했고, 송년회 자리를 마련해 연구결과 보고회를 갖기도 했다. 송년회라는 걸 처음 와 본다는 어르신은 송년회 초대장을 받고 아주 기쁘고 뿌듯했다고 말했다. 이런 자리들은 자연스럽게 모임의 기회를 만들어 주었다. 사랑방이었던 마을가게를 잃어버려 서로의 안부가 궁금했던 사람들이 다시 모이는 계기가 되었다.

1부, '가게 – 하루'에서는 인터뷰 자료와 참여관찰일지에 기초하여 가게의 하루를 재구성하였다. 동네가게를 경험해보지 못

한 우리 네 명의 연구자에게는 가게를 사랑방처럼 드나들며 생활반경을 그리는 동네사람들의 일상이 마냥 신기하고 재미있었다. 독자들도 우리가 느꼈던 생경하면서도 포근한 마을가게를 상상해 볼 수 있는 기회가 되길 바란다.

2부, '가게-사람들'에서는 가게의 주요 인물들을 소개한다. 가게를 매개로 관계를 만들어 온 자원활동가와 단골손님의 삶과 일상이 그려진다. 사람들의 이야기 속에서 자연스레 한 가게가 어떻게 사랑방과 방앗간이 되어갔는지, 사랑방이 된 동네가게는 마을에서 어떤 기능을 해왔는지 알 수 있을 것이다.

3부, '가게-itstory'에서는 14년간 쌓인 가게 자체의 역사를 통해 폐점을 둘러싼 다양한 이슈를 살펴보았다. 수익률과 공익성은 동시에 추구될 수 있는 가치인지, 수익이 있어야 나눔이 있다는 것이 언제나 옳은 말인지, 지역과 유기적으로 결합하지 않은 지점이란 어떤 의미인지, 사회적 기업에서 일하는 사람들은 활동가인지 노동자인지 등 상록수점 폐점 원인과 관련하여 뻗어나가는 고민과 이슈를 소개하였다.

연구에 참여한 사람들이 들려준 이야기를 우리가 얼마나 잘 기록했는지 모르겠다. 그들의 이야기를 떠올려보면 자신이 없다.

그룹인터뷰와 개별인터뷰에 참여해 주신 24명의 참여자들에게 이 자리를 빌려 감사를 표한다. 그 분들의 이야기가 이 책의 전부다. 서점이든 카페든 베이커리든 재활용품가게든, 혹은 그 무엇이든 마을가게를 꿈꾸는 이들에게 이 책이 유용하게 읽혔으면 한다. 사회적기업이 지속가능성의 화두를 안고 수익성과 공익성 사이의 균형을 고민할 때 찾아보는 책이 되었으면 한다. 그리고 무엇보다 아름다운가게 상록수점을 이끌었던 이 글의 주인공들이 재미있게 읽는 책이 되길 바란다.

2019년 5월, 연구자 일동

3부 가게

# itstory

가게 ————

# 하루

2017년
5월

평범한
어느 날의

기록

**10:00** 청소로

10:01 시작하는

10:02 하루

10:03

10:04

10:05

10:06

10:07

10:08



1

아침 10시, 개점준비가 시작되는 시간이다. 초록색 앞치마를 두른 남성이 빗자루로 가게 앞을 쓸고 있다. 아름다운가게 상록수점의 매니저다. 매니저는 앞뒷문을 활짝 열고 가게 입구의 나무 매대부터 쓱쓱 쓸어나간다. 매대 계단 구석에서 차가 다니는 앞길까지 밤새 누군가 꽂아놓은 담배꽁초들을 비롯한 한 뭉치의 쓰레기 더미가 금세 모인다. 비질을 마친 매니저는 부피가 큰 대형잡화들을 매대로 끄집어낸다. 유모차(유아차), 아동용 자동차 시트, 유아를 위한 커다란 놀이기구가 햇살을 받으며 하나하나 진열된다. 대형잡화들은 공간을 많이 차지해서 다른 아름다운가게 지점은 받기를 꺼려한다지만 이곳은 그렇지 않다.

유아용품 옆으로 철제 동물우리들이 꽤 높이 쌓여 있다. 옆에 애완동물 가게가 문을 닫으면서 아름다운가게에 기증한 물건이다. "무료입니다. 필요한 사람은 가져가세요"라는 종이가 붙어 있다. 이곳은 대로변의 가구거리 뒷골목으로, 잘나가던 시절에는 가구 배달하는 트럭과 인부가 북적였다고 한다. 하지만 오랜 경기침체와 해외 브랜드 가구의 유입, 인터넷 쇼핑으로 가구 구매 방식이 바뀌면서 가구창고들이 하나둘씩 문을 닫고 있다. 그 때문인지 10시가 넘었건만 오가는 이가 눈에 띄지 않는다.

바깥 청소가 끝나자 내부 청소로 분주하다. 할머니 자원봉사자가 꽤 커다란 영업용 청소기로 밀고 가면, 청년봉사자는 밀대

로 그 뒤를 닦는다. 매니저는 다락처럼 꾸며진 2층으로 올라간
다. 2층에는 책과 음반이 진열되어 있고, 한쪽엔 아이들이 놀 수
있게 푹신한 매트와 장난감이 비치되어 있다. 아이들은 마음껏
뛸 수 있을지 몰라도 어른들은 구부정하게 다녀야 하는 낮은 공
간이다. 키 180cm가 넘는 매니저는 허리를 굽힌 채 연신 걸레질
을 해댄다. 가게 안쪽에는 소형잡화를 진열하기 위한 작은 선반
들이 놓여 있어 닦을 곳이 많다.

　개점시간까지는 아직 10여분이 남았지만 얇은 면 점퍼를 걸
친 50대 가량의 아주머니가 청소 중인 걸 보면서도 들어왔다.
며칠 전부터 봉사를 시작한 젊은 활동가가 개점시간이 아니라
고 이야기 하려는 찰나, 2층에서 매니저가 반갑게 뛰어 내려온

다. "아이고 선생님, 안녕하세요. 오늘도 일쩍 오셨네요." 활짝 웃으며 인사를 건네는 것으로 보아 자주 찾는 손님인 모양이다. 청소기를 돌리던 할머니 자원봉사자도 반갑게 인사를 건넨다. 매니저가 예의 환한 미소로 개점 준비 중임을 알린다. "물건은 둘러보셔도 되는데, 저희 지금 준비 중이라 계산은 못 해드리는 거 아시죠?" "그냥 새로 들어온 거 뭐 있나 둘러보고 있을 거예요."

손님도 개점 준비 중인 가게에 들어오는 일이 처음은 아닌 듯 능숙하게 매장 왼편에 걸린 여성복부터 살핀다. 그러다 옷에 있는 보풀을 떼고 주변의 먼지도 닦는다. 개점 이전, 그것도 준비가 한창일 때 손님을 들이는 것은 일반적인 가게는 물론 아름다운가게의 다른 지점에서도 볼 수 없는 상록수점의 특징이다. 준비가 안 된 가게에서 먼지까지 제거해주며 아무렇지 않게 둘러보는 손님은 이 가게만의 독특한 분위기를 대변하는 것 같다.

10:28

10:29

**10:30**   **기증품과 쓰레기**

**10:31**   **사이**

10:32

10:33

10:34

10:35

10:36

10:37

10:38

2

청년 자원봉사자가 밖에 있는 기증품 수거함에서 꺼내 온 커다란 이불 몇 채와 옷들을 매니저가 창고에서 확인하고 있다. 이불은 사서 한 번도 안 빨았는지 오랜 때로 반질반질하다. 접힌 선에도 까맣게 때가 끼어있다. 매니저의 얼굴에 당혹스러운 표정이 역력하다. 아름다운가게는 이불을 기증받지 않는다. 옷도 상태가 좋은 것만 받는다. 오늘 기증함에서 나온 옷 중에는 곰팡이가 핀 것도 있다. 이런 물건은 자원봉사자들과 매니저가 대형 쓰레기봉투에 담아 폐기한다. 기증품의 폐기여부는 보통 기증품의 상태를 보고 매니저가 결정하지만, 어떤 기증품의 경우는 결정이 어려워 자원봉사자들과 상의하기도 한다. 기증받은 물건 중 재사용이 가능한 것은 물류창고가 있는 군포로 간다. 아름다운가게의 물류창고에서는 각 지점과 기증처에서 수집 해 간 물건을 모아 손질하고 값을 매겨 상품화 한 후 지점으로 내려 보낸다. 요즘은 이곳뿐 아니라 전국적으로 기증받은 물건 중 절반 이상이 재사용이 불가능한 것들이라 물건을 선별하는 시간과 비용이 만만치 않게 든다.

며칠 전 일주일에 한두 번은 꼭 들르는 80대 여성 손님이 아름다운가게가 너무 고맙다며 집에서 오랫동안 사용한 은수저를 예쁘게 포장해서 가져왔다. 상품으로 내놓기에는 색깔도 변하고 많이 헐은 것이었다. 자원봉사자들과 한참 고민한 끝에 폐기

시킬 가능성이 큰 물류센터로 보내지 않고, 상록수점에서 자체적으로 가격표를 붙여 판매하기로 결정했다. 이 가게에서 중요한 것은 물건 자체보다 물건을 매개로 한 사람들 사이의 관계라는 데에 의견이 모아졌기 때문이다. 기증품에 담긴 마음도 상품으로 내놓는 것이라고나 할까?

글로벌한
가게

11:28

11:29

11:30

11:31

11:32

11:33

11:34

11:35

11:36

11:37

11:38

11:39

3

흑인 여성 한 명이 손님으로 들어온다. 색감이 선명한 빨간 크로스백을 맨 이 여성은 들어오자마자 계산대 옆에 위치한 원피스 코너부터 살핀다. 순식간에 네 벌의 원피스를 골라 피팅룸으로 들어가더니 10분이 훌쩍 넘었는데도 나오지를 않는다. 갑자기 피팅룸 안에서 "언니~" 하고 부르는 소리가 들린다. 자원봉사자가 가보니 지퍼가 고장 났는지 옷이 꼈단다. 할머니 자원봉사자는 지퍼가 고장 난 게 우리 옷이면 그냥 가위로 자르겠다며 가위를 들고 들어간다. 옷이 안 빠지니 방법이 없지 않느냐는 것이다. 잠시 후 문제가 해결되고 여성은 계속 옷을 둘러본다. 카메룬에서 왔다는 그녀는 별과 스트라이프가 화려하게 프린트된 멋진 원피스 네 벌을 2만 6,000원에 사서 나가며 손을 들어 인사를 한다.

여기는 외국인 손님들도 자주 온다. 둘러보니 가끔씩 아름다운가게를 찾곤 하는 필리핀 여성 5명이 오늘도 함께 왔다. 아기옷 종류를 서로 들어 보여주며 자신들의 언어로 대화하고 있다. 근처에 반월공단이 있어 외국인을 마주하는 것은 이 지역에서 이제 너무나 흔한 일이다. 게다가 아름다운가게 상록수점 길 건너에 인력사무소도 있기에 외국인들을 자주 볼 수 있다. 이주 초기에는 계절에 맞는 옷이며 생활용품까지 수시로 들러 사가다가 정착하면 드문드문 오는 편이다.

밥이 어디로
들어가는지

12:28

12:29

12:30

12:31

12:32

12:33

12:34

12:35

12:36

12:37

12:38

12:39

4

12시가 훌쩍 넘었지만 아무도 점심 먹을 생각이 없는 것 같다. 손님이 두세 명씩 계속 매장에 머물고 있기 때문에 식사할 짬이 나지 않아서 그런가 싶을 무렵, 매니저가 자원봉사자들에게 얘기한다. "본격적으로 손님들 오시기 전에 결정합시다. 김밥? 햄버거?" 잠시 후 매니저가 양손에 비닐 봉투를 들고 2층으로 올라간다. 자원봉사자들과 매니저는 2층 매트 옆의 낮은 테이블에 둘러앉는다. 두 개의 테이블도, 테이블을 둘러싼 의자도 모두 따로 기증받은 물건이라 모양과 높이가 제각각이다. 매니저와 할머니 자원봉사자는 집에서 싸온 도시락과 과일을 꺼냈다. 여기에 근처 분식집에서 포장해 온 김밥과 떡볶이까지 차려놓으니 나름 근사한 점심상이 차려졌다.

매니저는 밥을 먹으면서도 수시로 1층 매장을 살핀다. "제가 매장 보는 거 신경 쓰지 마세요. 저도 모르게 습관이 되어서요." 아니나 다를까, 막 밥을 먹기 시작할 무렵 "계산해주세요"라는 소리가 들리고 매니저가 뛰어 내려간다. 계산을 하자마자 아름다운가게 앞에 승용차 한 대가 멈추더니 두 명의 여성이 내려 쇼핑백들을 꺼낸다. 이번엔 청년 자원봉사자가 김밥을 먹다 말고 서둘러 1층으로 내려간다. 차에서 쇼핑백이 계속 나온다. 자원봉사자는 이를 받아 창고로 옮겨 정리하고 매니저는 기부영수증을 작성한다.

점심시간을 맞아 근처 직장인으로 보이는 사람들이 계속 가게를 들러 살펴보다 나가기를 반복한다. 30분 가까운 시간이 흐른 뒤에야 두 사람은 2층으로 돌아와 남은 식사를 시작한다.

13:58

13:59

**14:00**　새로운

14:01　물건이

14:02　들어오는

14:03　시간

14:04

14:05

14:06

14:07

14:08

5

오후가 되면서 자원봉사자들이 바뀌었고, 가게 안에는 사람들이 점점 늘어난다. 손님들은 들어오면서 다들 같은 질문을 한다. "아직 안 왔어?" "오늘은 좀 늦네." 빈 바구니를 들었지만 쇼핑할 의도는 없는 것 같다. 아예 자리를 잡고 걸터앉아 이야기를 시작한다. 가게에 새로운 물건이 도착하는 월·수·금 오후 2시 언저리면 물건을 기다리는 사람들로 가게 안은 늘 붐빈다.

잠시 후 가게 앞으로 트럭이 도착하고, 아름다웠가게 배송팀장이 의류와 잡화가 담긴 박스들을 내린다. 배송팀장은 웃음 띤 얼굴로 "오늘은 물건이 좀 많아요"라고 한다. 의류가 담긴 'pp박스'가 3개, 잡화가 담긴 '접철박스' 4개가 도착했다. 사실 몇 년 전만 해도 상록수점으로 배송되는 물건은 훨씬 많았다. 옷 종류는 2배 정도 많았고, 잡화는 박스 단위로는 비슷해도 소형잡화들이 접철박스 가득 들어오곤 했다. 그러나 최근에는 잡화 자체의 숫자도 줄었고 대형잡화나 동일 제품이 여러 개 한꺼번에 입고되는 경우가 늘어났다. 이제 각기 다른 예쁜 그릇과 소품들이 매대를 가득 채운 모습을 보기 어렵다. 좋은 물건이 많이 들어와야 가게가 번성할 텐데, 이미 폐점이 결정된 가게에는 물건의 양도 품질도 예전만 못하게 들어오고 있다.

들어온 박스들은 모두 매장 안쪽의 창고로 들어간다. 새로 온 물건들이 창고로 들어가고, 기증받은 물건들이 창고에서 트럭으

로 옮겨진다. 새로 온 물건들은 창고 안에서 간단한 분류작업을 한 후 매장에 진열된다. 물건들이 창고에서 다시 나올 때를 기다리는 사이 어느새 20평 남짓한 가게에 25명의 손님이 모였다. 전화를 하는 사람도 있고, 2층에서 책을 꺼내 휴게공간에서 읽는 사람, 그리고 계단에 앉은 사람도 있다. 다들 물건이 진열되기를 기다리고 있다.

분류한 물건을 자원봉사자들이 행거에 걸어 밀고 나오자마자 사람들이 모여들기 시작했다. 자원봉사자들이 입구 쪽 매대 위를 비우고 오늘 들어온 모자부터 내놓는다. 여러 색상의 페도라와 헌팅캡 20여 개가 진열된다. 고글 스타일의 스포츠 선글라스에 몸에 붙는 화려한 무늬가 그려진 티셔츠를 멋스럽게 입은

70대 남성이 헌팅캡을 써보다가 옆에 고민하는 듯한 여성에게 "이거 잘 어울리실 거 같은데"하며 짙은 보랏빛 페도라 하나를 건넨다. "그래요?" 하며 받아 써보는 여성에게 "아주 잘 어울리네. 동네 최고 멋쟁이 되시겠어"라며 너스레를 떤다.

이내 작은 바구니에 담긴 잡화들이 나타난다. 여성 손님 대부분이 모여든다. 컵과 그릇이 담긴 바구니도 있고, 스카프나 작은 액세서리가 담긴 바구니, 장난감이 담긴 바구니도 있다. 과거엔 물류센터에서 온 박스 채로 물건을 내놓은 적도 있었는데, 서로 물건을 보려고 몰리는 통에 아수라장이 되곤 했다고 한다. 그 와중에 손님과 자원봉사자가 싸우는 일도 있었기에, 이제 바구니에 분류해서 내놓는다. 쇼핑백이 넘치게 물건을 담고는 그

후에 천천히 고르는 이도 있다. 바구니에서 꺼낸 물건을 하나씩 한참동안 살펴다가 다시 바구니에 넣는 게 아니라 매대에 잘 정리해서 두는 이들도 보인다. 반쯤 자원봉사자가 되었다. 물건을 매대에 진열하듯 놓는 손길이 예사롭지 않다. 모자를 권하던 할아버지뿐 아니라 손님들끼리 서로 상품을 골라주고 고른 물건에 대해 평을 해 준다.

　한 노신사가 옷가지와 액세서리 한보따리를 쇼핑백에 담아 들고 가자 매니저가 꼭 필요한 물건인지 묻는다. 한사코 필요한 물건이라는 대답에, "형님, 이거 너무 무거운데 우선 계산대 옆에 두세요. 제가 아무도 건드리지 못하게 보관해 놓을게요"라고 말한다. 그날 그 노신사는 아무것도 구매하지 않았다. 70대의 멋쟁이 할아버지는 오늘도 새로운 안경테가 들어오지 않아서 실망한 듯, 혹시 자신이 오지 못 해도 멋있는 안경 들어오면 꼭 챙겨달라고 매니저에게 신신당부를 하고서야 가게를 떠났다.

15:28

15:29

**환불해주세요**　　15:30

15:31

15:32

15:33

15:34

15:35

15:36

15:37

15:38

15:39

6

이제 잠잠한 오후가 시작되는구나 싶어지는 찰라, 가게에 자주 들르는 30대 후반 여성이 문을 열고 들어온다. 오랜만에 오셨다고 인사하는 매니저를 보자마자 그는 영수증을 내밀며 하소연부터 시작한다.

**손님**　매니저 님, 저번에 사갔던 통굽 구두 있죠? 나 그거 때문에 창피해 죽을 뻔 했어요. 대전에 결혼식이 있어서 신랑이랑 같이 내려갔는데, 버스 터미널 나오자마자 신발이 갑자기 악어가 돼버린 거예요. 터미널 앞에 사람이 좀 많아요? 나 정말 창피하고 열 받아서. 통굽이 확 벌어지니까 넘어질 뻔 했어요. 바로 옆에 구둣가게가 있었기에 다행이지 말이야.

**매니저**　아이고, 아이고, 고무가 삭았었구나. 어째, 어째. 그래서 넘어지거나 다치신 건 아니고요? 정말 죄송합니다. 아이고, 그거 그냥 거기서 확 버려버리시지 그랬어요.

**손님**　안 그래도 내가 너무 열 받아서 터미널 쓰레기통에 버렸어요.

**매니저**　잘 하셨어요. 아~ 이게⋯. 신발 종류가 가끔 그럴 때가 있더라고요. 좀 신어봐야 삭은 건지 알 수가 있어서. 아~ 정말 죄송

해요. 좋은 자리 가시던 좋은 기분 확 상하셨겠다. 아이 참. 가만 이거 환불부터 해드려야지. 얼마였나, 음….

아름다운가게의 환불에 관한 규정은 문제가 있는 제품을 일주일 이내에 영수증과 함께 다시 가져와야 가능하다고 명시되어 있다. 그러나 전기제품이나 신발 등 몇몇 제품은 오래 사용해봐야 문제가 드러나는 경우가 있다. 자원봉사자들은 이런 제품의 환불 때문에 스트레스를 받는 경우가 잦았다. 가게를 드나드는 사람들이 아는 얼굴이거나 아는 이의 소개로 함께 찾는 경우가 대부분인 상록수점의 특성 때문에 이런 일이 벌어질 때 더 곤란했다. 매니저 직권으로 신발과 가전제품은 영수증을 보지 않더라도 환불해주기로 결정을 내렸다. 매니저의 방침도 있지만, 화가 난 사람의 말에 귀 기울이고 공감해주는 과정에서 씩씩거리며 매장에 들어선 여성의 기분은 벌써 풀려있었다.

하지만 항상 환불이나 교환을 해주는 건 아니다. 이 전날 오후에 교환을 요구하며 가게를 시끄럽게 한 40대 후반의 남자 손님이 있었는데, 그 손님은 교환을 받지 못 했다. 여러 아름다운가게를 돌아다녀봤지만 이런 데는 처음이라며 화를 내기도 했다. 그는 이곳에서 한 달 전에 구입한 하모니카가 맘에 들지 않으니 다른 물건과 교환하겠다고 했다. 영수증이 없는 것은 물

론 손자국이 잔뜩 묻은 하모니카에는 가격표도 붙어있지 않았다. 매니저가 공손하지만 분명하게 환불규정에 따라 처리하기 곤란하다고 얘기하는 순간, 남성은 반말 사이로 욕까지 섞어서 대거리를 했다. 아름다운가게가 이따위로 하면 안 된다고 소리치며 분위기가 험악해질 무렵 한 손님이 끼어들었다. 상록수역 앞에서 10년 넘게 점심식사 봉사를 이어오고 있는 50대의 풍채 좋은 교회 집사다.

"이봐요. 여기는 말이죠, 정말 좋은 가게에요. 그러니까 그쪽 분이 잘 모르나본데, 내가 여~ 앞에서 전도하고 봉사하면서 이 가게를 10년 넘게 드나들어서 알아요. 여기 매니저님과 봉사천사분들 모두 정말 훌륭한 분이고 좋은 일만 하시는 분들이에요, 여기는 말이죠. 그러니까 나는 여기서 산 거는 절대 환불 안 해. 절대로! 좋은 일 하는 거니까! 그러니까 웃어요, 웃어. 좋은 일 하는 거니까 그냥 넘어갑시다. 허허허."

웃고 있지만 걸걸한 집사의 목소리에는 힘이 실렸다. 얼굴 붉히며 따지던 손님이 웅얼대며 슬그머니 나간다. 집사가 매일 점심봉사를 하는 그 자리에서 가끔씩 어르신들을 위해 부채춤 공연봉사를 하는 자원봉사자가 웃으며 감사 인사를 한다. 집사도 '우리' 아름다운가게에서 이러면 안 되는 거라고 웃으며 답한다.

15:58

15:59

**16:00**　　**쉿! 할머니**

16:01　　**주무세요**

16:02

16:03

16:04

16:05

16:06

16:07

16:08

7

일단의 손님들이 빠져나가고 드디어 가게 안이 한산해졌다. 남자 대학생 자원봉사자가 매니저에게 조용히 다가와서 2층으로 올라가 봐달라고 속삭이듯 이야기한다. 발소리를 내지 않고 2층에 올라가보니 도서코너 옆, 할머니는 평소에 아이들이 노는 매트 위에 누워 작게 코까지 골며 주무시는 중이다. 3시가 넘어서 도착하시고는 오늘 좋은 물건 다 놓쳤다고 아쉬워하시던 단골 할머니다. 매장에서 안 보이시기에 조용히 가신 줄 알았다.

매니저는 자신의 무릎담요와 패딩조끼를 꺼내온다. 5월이라곤 하나 햇빛이 들지 않는 실내는 영 서늘하다. 할머니 깰까 조심조심 덮어드리곤 모두들 아래로 내려온다. 할머니는 5시가 넘어서야 잠에서 깼다. 테이블에 담요와 조끼를 잘 개서 올려놓고 1층으로 내려온 할머니는 아주 자연스럽게 자원봉사자들과 매니저에게 인사를 건네고, 원피스 몇 벌을 골라 몸에 대 보더니 다음 물건 들어올 때는 일찍 올 거라며 매장을 나선다.

16:28

16:29

**16:30**    늦은 오후의

16:31    티 타임

16:32

16:33

16:34

16:35

16:36

16:37

16:38

8

건너편 공인중개사 사무소 실장
이 가게 문을 배꼼 열고는 이야
기한다. "이제 좀 한가한가보
네? 오늘 볕도 좋은데 나와서
커피 한잔 드세요." 공인중개사
사무소와 바로 옆의 황토 돌침대
를 파는 가구점 사장은 오후 한적한
시간이면 두 가게 사이에 있는 주차공간에 파라솔을 펼쳐놓고
간식을 차려 아름다운가게 상록수점 활동가들을 초대한다.

　장을 보고 지나는 길에 들러 옥수수를 주고 간 단골손님 덕
분에 자원봉사자는 출출하지 않았지만, 매장에 손님도 없고
햇볕도 좋아 파라솔 밑에 가서 앉는다. "매번 얻어먹기만 해서
미안하다"는 자원봉사자의 말에 가구점 사장은 "좋은 일 하는
가게에 봉사하러 나온 사람한테 나도 이 정도 봉사는 해야지"
라고 말한다. 골목길에서 펼쳐지는 늦은 오후의 티타임을 보고
옆집 전당포 사장님도 들러 커피 한 잔을 하고는 아름다운가게
로 들어간다. 커피를 다 마신 가구점 사장도 좋은 물건 들어온
게 있냐고 묻고는 아름다운가게 안으로 들어간다. 아름다운가
게 주변의 상인들은 가게의 활동가들을 돌보는 좋은 이웃이자
가게의 단골손님들이다.

17:43

17:44

17:45 　마 감 까 지　아 직

17:46 　1 5 분 이 나

17:47 　남 았 습 니 다

17:48

17:49

17:50

17:51

17:52

17:53

9

5시 45분 무렵, 가끔 들르는 목사가 힘차게 문을 열고 들어온다. 일주일이 멀다 하고 아름다운가게 상록수점을 찾는 단골 목사가 몇 명 있다. 한 명은 벌써 세 번째 개척교회의 문을 연 정열적인 목사로, 교인들에게 선물로 사용할 물건을 왕창 사가는 이다. 주로 1,000원 내외의 소형 잡화를 많이 사는데, 아름다운가게 물건을 선물하면 선물에 담긴 마음도 좋고 품질도 좋다고 강조한다. 또 다른 목사는 성경 관련 책을 용케 골라가는 것으로 자원봉사자 사이에 잘 알려져 있다. 그냥 소설인 줄 알고 소설서가에 꽂아놓으면 계산하면서 성경 속 이야기를 각색해서 만든 소설임을 설명해준다. 한 권 팔 때마다 성경 이야기를 하나씩 배우게 된다. 오늘 들른 목사는 음반을 매우 좋아한다. 음반코너가 작아서 다 내놓지 못해 매니저가 따로 음반을 챙겨두었다가 창고에서 꺼내다 주곤 하는 사이다.

음반코너는 2층 서고 옆에 작게 자리하고 있다. 도서는 어린이, 소설, 자기개발, 에세이 등 간략하게나마 분류가 있는데, 음반에는 분류조차 없다. 그냥 한국 가수와 비 한국 가수의 음반으로 나뉘어져 있을 뿐이다. 아이돌부터 옛 가수의 음반까지 섞여있고, 해외 팝 스타와 록 음반 사이로 브라질 삼바 음반도 있고, 클래식 음반도 개중에 섞여있다. 전집류의 LP도 있고, DVD도 제법 많다. 유명 미국 드라마의 한 시즌을 통으로 모아

놓은 박스세트도 있고, 팝 스타의 공연실황도 있다. 2층 음반코너에서 오늘도 첫 줄부터 살피고 있는 손님에게 매니저가 다 꽂아놓지 못한 CD 두 박스를 가져다준다. 한국 가수 동물원의 초기 음반들이 보이고, 미국 유명 밴드의 오피셜 부틀렉 시리즈 옆에 그라모폰에서 나온 카라얀이 지휘한 베를린 필하모닉 선집도 슬그머니 같이 꽂혀 있다. 목사는 한참 이 음반 저 음반을 꺼내들고 표지를 살펴보는 등 즐거운 시간을 보내고 있다.

2층에서 목사님이 음반 삼매경에 빠진 사이 6시가 넘었다. 5시 50분에 마감하는 아름다운가게 매장도 있다. 상록수점은 6시까지가 영업시간이다. 그러나 이는 자원봉사자에게만 해당된다. 직장을 끝내고 헐레벌떡 찾는 손님도 있고, 교환이나 환불을 하러 오겠다고 전화를 한 손님이 있으면 6시 20~30분까지 기다리기도 한다. 6시 30분인데 손님이 북적북적한 날도 있다.

오늘도 손님이 있어서 가게 불을 켜 놓았고, 덕분에 반가운 손님이 찾아왔다. 몇 년 전 매니저가 지역 중학교에 '나눔의 가치 캠페인'을 위해 특강을 하러 갔다 만났던 학생이 찾아온 것이다. 그렇게 특강을 듣고 친구들과 자원봉사를 하고 싶다며 가게를 찾은 이 중학생은 고3이 되기 직전인 지난 2월까지 아름다운가게 상록수점에서 매주 자원봉사자로 일을 했다. 학원에 가다가 불이 켜져 있어 잠시 들렀다는 학생은 매니저에게 학교생활 얘기, 함께 활동했던 친구들 얘기 등 이런저런 얘기를 신나게 들려준다. 그 무렵 2층에서 목사가 파파로티의 CD와 DVD가 함께 묶인 음반을 들고 내려온다. 종이로 된 케이스 뒷면이 좀 떨어졌지만 음반 상태는 깨끗하다. 4,000원을 계산하고 가게를 나서는 목사와 함께 자원봉사자였던 학생도 떠났다. 6시가 지났어도 자리를 지키고 있던 노련한 자원봉사자가 그제야 매니저에게 인사를 하고 문을 나선다.

19:38

19:59

**20:00**　불 끄고

20:01　문 닫고

20:02

20:03

20:04

20:05

20:06

20:07

20:08

10

자원봉사자를 보낸 매니저는 앞문을 잠그고 남은 현금정산을 간단히 마무리 짓는다. 품목이 의류, 잡화, 도서·음반, 가전 단 4가지로만 나눠져 있고, 전산화가 되어 있어 정산에 오랜 시간이 걸리진 않는다. 1층 매장 앞쪽 불을 모두 끄고 2층의 매니저 공간으로 이동한다. 과거엔 불을 켜둔 채로 업무를 보기도 했는데, 퇴근길에 문을 열어달라는 경우가 왕왕 있어서 1층 매장 앞은 불을 꺼서 업무가 종료되었음을 알리기로 했다. 매니저의 진짜 업무는 이제부터 시작이다. 전산등록 상황을 일별하고, 품목별 판매고도 점검한다. 전산을 통해 다른 매장들과 매출 추이를 비교하고 더 필요한 물건이나 요청사항을 정리한다. 기부영수증을 전산 입력하고 주간일정표에 따라 업무가 제대로 진행되고 있나 확인한다. 외근 내용도 정리한다. 최근 줄어들긴 했지만 4·16 이전까지는 지역사회에서 진행했던 나눔과 자원재활용에 대한 캠페인이나 특강도 많았다. 4·16 이후에는 지역사회의 아픔을 치유하기 위한 다양한 행사에 아름다운가게의 이름으로 참여했다. 이런저런 일들을 정리하고 나니 어느새 8시다. 창고를 통해 뒷문으로 빠져나온 그는 커다란 쓰레기봉투를 상가 공동 쓰레기 수거장소에 내놓고 집으로 향한다.

아름다운가게 상록수점의 2017년 5월 어느 평범한 하루는 이렇게 끝이 났다.

가게 ————————

# 사람들

위로와
치유

1

늦은 봄 어느 월요일, 웬일로 아침에 보이지 않던 형님이 1시 넘어 가게에 나오셨다. "주말동안 얼마나 아팠는지, 약도 못 사먹고 누워서 앓았어. 오늘은 가게에 나와야 힘이 날 것 같아 억지로 일어나 나왔지. 여기 와야 힘이 좀 나거든. 물건도 보고, 매니저 얼굴도 봐야지." "아니 아프시면 약을 사드셔야지 여기 먼저 나오시면 어떡해요?" 매니저가 약국에 같이 가자고 해보지만 큰형님은 여기가 병원이고 약국이라고 한다. 공감과 지지는 심리상담의 기본이다. 이곳에 오면 무조건적 공감과 지지를 얻는다. 이야기를 들어주는 매니저나 자원봉사자가 바빠지면 물건을 구경한다. 작은 쇼핑이 위로가 될 때도 있다.

큰형님은 몇 번이나 인터뷰 요청을 펑크 냈다. 아무리 생각해봐도 멍석을 깔아놓고는 자기 애기를 할 수 없을 것 같더란다. 숫기 없는 큰형님이 아침마다 가게에 나와 매니저나 자원봉사자와 이야기를 나눈다는 건 그가 얼마나 이곳을 편안해하는지 보여주는 것이다. 이 가게가 그에게만 위로와 치유의 공간이 되는 것은 아니다.

안산은 1970년 대 말 반월 공업단지부터 시작해 1986년 화성과 군포로부터 떨어져 나와 만들어진 도시다. 이 곳 주민도 그렇겠지만 특히 마을가게 단골손님은 이주민이 많다. 1980~90년대 서울에서 혹은 인근 도시에서 이런저런 이유로 안산에 오게 되었다. 이런저런 이유에는 결혼이나 취업도 있지만, 사기를 당해서 혹은 돈이 궁해져서라는 이유도 있다. 그만큼 마을가게 사람들은 가슴 깊이 숨겨놓은 이야기가 많다. 가게는 언젠가부터 이들의 굴곡진 삶의 이야기를 들어주는 곳이 되었다.

<br>

<br>

큰언니

# 심일순 씨

60대 초반의 심일순 씨는 군포에 사는 아흔이 다 된 시부모님을 돌보고 있다. 2000년도에 안산으로 이사 오기 전까지 심일순 씨도 군포에 살았다. 두 어른이 모두 건강이 좋지 않다보니 심일순 씨는 반찬을 이고 지고 안산과 군포를 오간다. 요양보호사도 오지만 그의 일은 따로 있다. 먹을 것도 준비하고 청소도 해야 한다. 그리고 오후에는 심일순 씨 본인 집에 와서 살림을 한다. 그런 중에도 아름다운가게는 꼭 들른다.

"내 마음을 풀 수 있고, 마음을 놓을 수 있는 곳이 거기야. 그래서 자주 갑니다. 거기서는 나에 대해 모르잖아요. 그러니 나 편한 대로 할 수 있고 웃으면서 만날 수 있는 곳이에요. 그러니까 말하자면 제 속풀이 장소예요. 속풀이 장소…"

내 웃음조차도 미안한 고단한 삶이 있다. 아픔을 아는 가족과는 마주보고 웃기가 힘들다.

월·수·금 오후면 가게에 새로운 물건이 들어온다. 물건이 오는 시간이 되면 뜨문뜨문 드나들던 손님들이 속속 모인다. 새 물건을 기다리며 사람들은 왁자하게 웃고 말을 건넨다. 여기에 심일순 씨의 웃음소리도 있다. 이 날은 물건 구경도 하지만 사람들과 만나 이야기를 나누는 게 더 중요하다. 물건이 늦게 오는 날은 이야기도 길어진다. "이 가게가 문을 닫으면 그 자리에 뭐가 있으면 좋겠어요?"하고 물어봤다. 가게를 통해 언니 동생하며 친해진 조영숙 씨가 대답한다. "난 카페요. 언니, 카페 좋지? 응? 만나서 커피 마시며 이야기도 하고…." 심일순 씨는 동네 동생의 간절한 눈빛도 아랑곳 않고 심드렁하게 대답한다. "카페는 뭐. 커피 마시며 앉아서 뭔 얘기를 해. 나이 들어 그런저런 내 얘기하는 거 초라해. 난 가게가 카페 되면 안 갈껴."

알 것 같다. 나이가 들면 내 힘든 이야기 하는 것이 초라하게 느껴진다는 거. 다른 사람의 힘든 이야기를 받아줘야 할 것 같은 나이가 되었지만 내 삶의 고단함은 더해지고 있으니까. 인생의 어려움이 세월의 흐름에 따라 줄어든다면 얼마나 좋으랴. 그런 심일순 씨도 자기 속마음을 다 이야기하는 사람이 있다. 아름다운가게 자원봉사자 이순희 씨다.

시인 지망 자원봉사자

# 이순희 씨

이순희 씨는 경주 양동마을에서 경주 시내로, 다시 대구에서 안산으로 이주한 시인지망생이다. 양동에서 태어난 이순희 씨는 경주로 시집와 32년간 시부모님을 모시고 살았다. 어린 나이에 시집와 바깥 구경 한번 못 하고 시아버지 병시중까지 든 그에게 미안했던지 시아버지는 유언으로 자유를 선물하셨다. "이제 쟈를 좀 놓아줘라."

시아버지로부터 자유를 선물 받은 이순희 씨는 아이들이 서울로 대학 진학을 하면서 경주를 떠났다. 서울은 집값이 너무 비싸 인근을 둘러보다 '상록수'라는 지명이 너무 마음에 들어 안산시 상록구에 자리를 잡았다. 시인지망생의 감수성이 그를 이곳으로 이끈 것이다. 언론을 통해 이름을 들어 알고 있던 아름다운가게가 상록수에도 생긴다는 소식을 듣고 가게를 찾아왔다. 그렇게 그는 상록수점의 초대 자원봉사자가 되었다.

이순희 씨는 실제로 죽을 것처럼 우울해하는 손님을 살렸다고 한다. 2년 동안 그저 "억울하다"는 말을 들어주었을 뿐이라고 한다. 그 손님은 동양증권에다 전 재산을 쏟아 부었던 사람이었다. 2013년 동양증권사태2가 터지자 '몇 번이나 죽으려고'했다.

"우에다 아름다운가게를 알아가지고, 해가 오는 것도 보면 죽을 것처럼 해가 와요. 머리도 안 빗고 옷도 안 여미고, 그냥 막 되는 대로 해가 오시는 거예요. 그래 와가지고는 3,500원짜리, 2,500원짜리, 1,000원짜리…. 그 분도 나이도 좀 있으신 분인데. 저걸 사가서 아무 소용도 없거든. 그러면서도 부담이 없으니 물건을 사는 재미에 이것저것 매일 사 가는 거야. 그걸 또 한 가득씩 사 가가지고는, 한 2년 모았다가 또 전부 가지고 와서 기증을 하시고. 물건 사면서 사람들한테 '내가 이래 억울했다', 이카면서. 정말로 가까운 사람한테는 자존심 상해서 그런 이야기 못 해요. 친척들한테 이야기하면, "아이고! 니 바보다." 이카든지 안 그러면 "아이고! 그 돈 다 내나 좀 맛있는 거 사주지." 이칼 수도 있고 하니까. 이런 사람들은 타인이기 때문에 "참말 어떻게 하노?"하고 진정으로 위로해주고, 이러니까. '억울하다고, 억울하다'고 한 2년을 그렇게 하셨어요."

돈이 많지 않아도 물건을 살 수 있다. 더 위안이 되는 것은 마음에 드는 물건을 눈치 보지 않고 들었다 놨다, 입었다 벗었다 할 수 있는 것이다. 그러면서 창피한 속내도 털어놓을 수 있다. 다들 물건을 고르며 물건 값을 계산하며 이야기를 들어주고 거들어준다. 다른 손님들이 간간이 "우짜노, 우짜노" 해주는 안타까움의 추임새가 위로가 된다. 물건이 없고 사람만 있었어도 이런 이야기를 털어놓기 민망했을 것이다. 물건만 있고 들어주는 사람이 없었다면 애초에 이런 치유는 불가능했을 것이다. 물건 하나 집어 들며 이런저런 이야기를 한다. 아이 옷을 집어 들면 그 집 아이 이야기로, 예쁜 봄옷을 집어 들면 왕년 잘 나가던 시절 이야기로, 예전 쓰던 물건을 보면 어릴 때 고향 이야기로 이어지는 것이다.

그렇게 2년을 매일 이곳에 오셨던 이 손님은 남편에게 동양증권에 '돈을 다 날린 것'을 들키는 바람에 더 힘든 나날을 보내기도 했지만 조금씩 회복되어 2년 후부터는 매일 오던 발걸음이 띄엄띄엄해졌다. 그 무렵 옷차림도 조금씩 말쑥해졌다고 한다. 그리고 그 마음이 조금 괜찮아졌다고 말했다. 다른 데 가서 할 수 없는 창피한 이야기를 들어줘서 고맙다고 했단다. 이 가게 아니었으면 본인이 죽었을지도 모른다고 하면서. 이순희 씨는 "다른 가게에서는 마음대로 떠들지도 못 하고, 물건을 맘대로 주무르지도 못 하고"하니까, 여기가 편해서 그런 '창피한' 이야기도 꺼낼 수 있었을 거라 말한다.

# 김창민 씨

손님들의 고민 상담은 이순희 씨만의 몫은 아니었다. 2012년 4월부터 6년 동안 가게의 상담가를 자처한 자원봉사자 김창민 씨도 있다. 그가 가게에서 가장 좋아하는 일이 상담이다.

"저한테 자기 아픈 이야기를 많이 풀어 놓고 가요. 어떤 분은 정말 한 시간 넘게⋯ '내가 아파요. 이렇게 하고 싶은데 안돼요' 이런 이야기를요."

김창민 씨는 사람들이 자기에게 속 이야기를 털어놓는 것이 의아했다고 한다. 그런데 생각해보니 학창시절에도 친구들이 자신을 찾아와 울며 힘든 이야기를 털어놓곤 한 것이 떠올랐다. 그런 김창민 씨도 시어른과의 관계로 가슴앓이를 한 적이 있다. 상처를 주는 그 마음을 이해하고 싶어 심리학 공부를 시작했고, 가게에서 사람들에게 본격적인 상담을 해 주고 싶어 상담공부를 계속했다고 한다. 사이버 강의로 상담사 자격증도 땄다. 술을 끊고 싶어도 못 끊는 50대 아저씨의 고민, 손이 떨릴 정도로 몸이 안 좋아 담배를 끊고 싶은 여성, 수술 받은 이야기와 그 힘들었던 과정을 털어 놓는 손님들, 아버지가 죽었으면 좋겠다는 생각을 10년 넘게 하고 있는 시누이를 가진 올케가 털어놓는 이야기. 김창민 씨가 들어주는 이야기는 아프고 또 힘들다.

김창민 씨의 시어머니는 불행한 결혼생활을 했다. 그 때문에 주변 사람들에게 마음을 곱게 쓰지 못했다. 시어머니는 걸핏하면 무시하는 말로 김창민 씨에게 상처를 주었다. 김창민 씨는 시어머니로부터 받은 스트레스를 딸에게 풀었는데, 어느 날 초등학교 5학년이 된 딸의 항의를 받고 자신을 돌아보게 되었다. "엄마는 왜 할머니에게 받은 스트레스를 나에게 풀어?" 충격을 받은 그는 책을 읽기 시작했고, 그 시기 아름다운가게 봉사를 시작하게 되었다. 가게에서 다른 사람의 아픔을 들어주면서 본인의 상처도 들여다봤다.

특별히 누군가와 속 얘기를 털어놓으며 아픔을 위로받지 않더라도, 왁자한 만남으로 울적한 마음을 날려버리려고 오는 사람들도 있다. 하루 종일 갈만한 곳이 없어서, 만날 사람이 없어서, 사업하다 실패해서, 몸이 안 좋아져서. 그들은 입을 모아 이곳이 병원이고 약국이라고 얘기한다.

얇은 지갑도
부끄럽지 않게

2

누구나 주머니가 홀쭉하면 백화점이나 마트에 당당히 들어서기 힘들다. 마을 어른들의 이런 마음을 헤아리는 매니저와 자원봉사자가 있어 상록수점 단골들은 여기서만큼은 얇은 지갑에 주눅 들지 않는다. 아름다운가게 상록수점 매니저의 말이다.

"잘못 표현하면 비하가 될 수 있는데, 당당하기 보다는 눈치 보면서 산다는 거? 저는 그렇게 하면 안 된다고 생각하는데 괜히 미안해하면서 사는 느낌이 있어요. 우리가 눈치 주는 것도 아닌데요… 우리 어머님도 백화점 가서 사라고 하면 못사시거든요. 비슷한 맥락인 것 같아요. 뭐랄까. 지금은 아마 바뀌었을 텐데, 처음 안산이 그런 느낌이었거든요."

## 선물은 받는 것이 아니라 주는 것이라는 하복례 씨

안산에 신도시가 생기고 덩달아 대형 상가건물도 들어섰다. 사우나에서 매점도 하고 이것저것 일을 해오던 하복례 씨는 이런 흐름에 휩쓸려 고잔동에 들어선다던 스파랜드에 돈을 투자했다가 다 날려버렸다. 상가는 문도 못 열었다. 하복례 씨는 지금도 이 이야기를 하면 눈물이 난다. 이런 자신의 처지를 위로받고 싶어 아름다운가게를 다니기 시작했다. 돈을 날려버렸기 때문에 남편에게 말도 못 하고 가정에서 위신도 안 선다. 아름다운가게에 와서 물건을 뒤적거리다 보면 우울함을 잊는다. "당시 저는 사업 실패하면서 인생 살기 싫었던 거예요."

하복례 씨는 1994년 시화가 허허벌판일 때 안산에 왔다. 초창기에는 ○○아파트에 월세로 입주했다. 10층에 살던 그는 아파트가 기울어져 위험하다는 말을 듣고 ○○아파트를 분양받아 입주한다. 당시 돈이 없어 가장자리 쪽 꼭대기 층을 샀다. 그랬더니 겨울이면 추위 때문에 벽이 떡떡 깨지는 소리가 났고 화장실 벽에도 금이 갔다고 한다. 춥고 무서웠기에 좀 더 좋은 아파트로 이사하고 싶었다. 목욕탕에서 매점을 하며 열심히 돈을 모아 그 돈으로 고잔동에 있는 제법 큰 아파트 한 채를 장만했다. 그걸 고잔 신도시 상가건물에 투자했다 날려버린 것이다.

사람들 중엔 선물을 받기보다 주는 데 기쁨을 느끼는 사람들이 있다. 하복례 씨가 그렇다. 예전에 돈을 좀 만질 때는 모임에 나가 이것저것을 선물하곤 했다. 친구들이 좋아하는 모습을 보면 뿌듯했다. 그때와 비교하면 턱없이 얇아진 지갑이지만, 아름다운가게가 있어 여전히 선물하는 기쁨을 누릴 수 있다. 그는 목에 두르고 있는 예쁜 하늘색 스카프를 만지며 말한다.

"이 작은 스카프요. 하나에 1,000원이에요. 2만 원 어치 스무 개
사서 친구들에게 나눠줘요. 백화점에서 5, 6만 원을 줘도 사기 힘
들 거 에요. 처음엔 위안을 받기 위해 아름다운가게 다녔는데, 지
금은 제가 주기 위해서 다녀요. 친구들에게는 (스카프 자체보다) 더
중요한 가치를 나눠주는 것 같아요."

가게 물건으로 마음을 나누는 ## 김정순 씨

서울에서 돈을 날려버려 안산에 온 사람도 있다. 18년 전 남편
이 주식으로 돈을 거의 다 날려버려 안산 신도시로 찾아온 김
정순 씨다. 서울 집도 팔고 전답도 팔고 퇴직금도 삼분의 일이 없
어졌다. 서울에서 힘들게 견디다 이곳으로 내려왔다. 중앙동에
있다가 이사한 이곳에서 아름다운가게를 발견했다. 처음엔 '까
칠한 딸'을 포함한 가족들 모두 남이 쓰던 물건이라고 싫어했다.
"엄마 왜 그러는 거야? 아무리 어려워도 너무하는 거 아니야?"
하던 딸이 이제는 엄마가 아끼던 옷이며 물건까지 다 아름다운

가게에 기부해버리는 지경이 되었단다. 물건을 되찾기 위해 아름다운가게 물류창고로 찾아가는 일까지 있었다고 한다.

김정순 씨는 요양원에 봉사를 다닌다. 아름다운가게에 와서 물건들을 볼 때면 요양원에서 만나는 할머니들이 생각난다. 할머니들이 좋아할 만한 물건은 값이 조금 나가도 산다. 세탁해서 파는 물건이라도 집에 가져와서 라벨 떼고 다 다시 빨아 햇볕에 말려 갖다드린다. 한번은 그렇게 가져다드린 옷을 입고 너무 좋아하는 할머니를 보고 엄청 울었다. 미래의 자신이 겹쳐보여서 눈물이 났단다. 이런 마음을 나누는 데도 아름다운가게는 필요하다.

김정순 씨에게 아름다운가게는 보물창고이자 만물상이다. 온갖 물건이 다 있다. 마트나 백화점에서 볼 수 없는 추억의 물건이 더러 나온다. 어릴 적 마루에 있던 것과 같은 괘종시계가 가게에 나온 것을 보고 눈물이 왈칵한 적도 있다. 내성적이라 다른 단골손님처럼 물건을 고르며 말을 섞지는 못했지만 이렇게 물건들을 보며 위로를 받는다고 한다. (연구기간 동안 두 차례 있었던 집단인터뷰에서 처음엔 인사도 잘 주고받지 않던 김정순 씨가 속내를 털어놓기 시작하면서 다른 손님들과 '언니, 동생'하며 친해지게 되었다. 폐점 후 여러 행사에 그 언니 동생들과 함께 참석하기도 했다.)

아이를 키우는 엄마들의 지갑도 여유가 없기는 마찬가지다. 지갑도 얇고 갈 데도 없다. 딸 아이 하나를 둔 이주영(가명) 씨는 남편이 돈주머니를 꽉 쥐고 있어 마트에서 음식을 사는 것 말고는 단돈 1,000원 쓰는 것도 고민이다. 사회생활을 하다 양육 때문에 전업주부로 있다 보니 경제생활은 남편에게 의존할 수밖에 없다. 수중에 돈이 넉넉하지 않으니 백화점이나 마트에는 가지 못 한다.

"사회적인 활동을 하다가 가정주부, 전업주부가 되면 사회적 연결 고리가 끊어지면서 자괴감이 들고 자존감이 막 떨어지거든요. 그런데 여기 오면 대접받는 느낌이 들어요. 일반 가게에 가면 위축되요. 가진 것이 적기 때문이에요. 아름다운가게는 물건이 싸잖아요. 물건이 나쁜 것도 아닌데요."

자존심의 문제도 있지만, 실제로 생활상의 절박함이 더 크다. 신희영(가명) 씨는 아름다운가게에서 아이 물건이나 책도 많이 샀지만 세제를 가장 많이 샀다. 식구가 많아 빨래거리가 많은데, 여기서 값싼 세탁세제를 구입할 수 있다는 것이 굉장히 고맙다.

"애기 아빠 혼자 벌어서 보증금 500만 원에 월세 35만 원을 내요. 지금은 어머니가 등급을 받아서 요양비가 60만 원으로 줄었는데, 그 전엔 월급 그대로 120만 원이 요양비로 나갔어요. 나도 지병이 있어 약을 계속 먹어야 해요. 제 약값만 매달 6만 원이에요. 그러니까 생활이 빠듯해요. 그래서 세제는 썩는 게 아니니까 나오면 무조건 사요. 빨랫비누가 500원, 1,000원 하거든요."

물론 아름다운가게에서도 지갑 걱정은 마찬가지다. 아무리 저렴해도 살 때는 고민이 된다. 이게 꼭 나한테 필요한 물건인가 싶기도 하고. 한참 고민하면서 들여다보고 있으면 "안 사셔도 돼요. 날 더운데 오셔서 잠깐 쉬었다 가세요" 하고 키 큰 매니저가 말한다. 초라한 지갑 때문에 마음을 다치지 않아 이곳에 단골이 되었나보다.

그런데 3~4년 전 매니저가 잠깐 바뀌고 아름다운가게에 발길을 끊은 적이 있다. 물건을 뒤적거리기가 민망할 정도로 매장을 깔끔하게 정리해놓고, 한 번 사간 물건은 교환·환불이 어렵고, 기증한 물건이 별 볼 일 없다며 한 소리를 들었던 것이다. 아이 물건은 아름다운가게에서 거의 다 샀다는 신희영 씨는 사 간 물건은 대개 다시 기증을 한다. 기증하겠다고 바리바리 싸 간 물건에 한소리를 듣고 난 이후로는 가게를 안 보려고 멀리 돌아갈 정도로 상처를 받았다. 마음을 다 줬던 곳이라 자존심도 그만큼 상했었나보다.

건 빵 할 머 니

# 서말이 씨

올해 84세가 된 서말이 씨는 이곳에서 건빵할머니로 통한다. 매번 기증을 하거나 사람들을 만나러 아름다운가게에 들러서는 그냥 돌아서지 못 하고 손자들 준다며 건빵을 사가기 때문이다. 손자들은 정작 미국에 있는데 말이다. 폐점 소식을 듣고 "내 이럴 줄 알았으면 건빵이라도 더 살 걸…"하며 눈물지었던 어르신이 바로 서말이 씨다.

　서말이 씨도 신희영 씨와 비슷한 시기에 비슷한 경험을 했다. '예쁜 거, 새 물건을 여기다 꼭 가져다주고 싶어서' 지하철로 한시간이 넘는 먼 곳에서 발걸음을 했다. 가게 문 닫는 시간 6시 안에 가려고 서둘러 겨우 도착했는데 이미 문은 닫혀 있었다. 바깥에 있는 기증함에 넣어도 되지만 가져간 물건이 다 씻고 빨고 한 거라 직접 얼굴 보고 기증하고 싶어 문을 두드렸다. 안에서 나온 새 매니저에게 '먼 데서 오느라 늦었다 미안하다', '새 거라 밖에 두기가 쩜쩜해서 문을 두드렸다'고 열심히 설명했지만 '감사하다', '수고했다'는 말 대신 "앞으로는 늦지 마세요"라는 한 마디를 들어야 했다. "미안해요" 하며 돌아서는 순간 매니저는 기증함에 그 물건들을 쑤셔 넣었다.

<br>

정겨운 환대, 자원봉사자

# 임숙희 씨

얇은 지갑을 들고도 웃으며 당당히 가게를 올 수 있는 손님들 뒤엔 매니저와 자원봉사자가 있다. 모든 아름다운가게가 다 그렇지 않았던 걸 보면 가게의 시스템이나 매뉴얼 때문이 아니라, 단골손님의 마음과 처지를 아는 이곳의 매니저와 자원봉사자의 배려와 노력 덕분이라는 것을 알 수 있다.

거의 매일 들르시는 한 어르신이 물건을 사서 계산대에 맡겨 놓으면서 돈은 나중에 지불하겠다고 한다. "이거 일보고 들어가면서 찾아갈게요." "네에에!" 하이 톤의 긴 응대. 상대를 기분 좋게 하는 "네"다. 하지만 어르신은 이 물건을 찾아가지 않을 것이다. 이렇게 맡겨 놓은 물건을 한 번도 찾아간 적이 없다. 자원봉사자 임숙희 씨도 잘 알고 있다. 그의 응대 소리가 높고 길었던 것은 주머니에 돈 없다고 주눅 들지 말라는 격려였다.

동네사람들과 얘기도 나누고 쇼핑도 하고 싶지만 돈이 없는 한 어르신은 언제나 양복을 말쑥하게 차려입고 머리도 댄디하게 빗어 넘기고 가게를 찾는다. 진지한 표정으로 물건을 구경하고, 옷을 입어보고, 골라서 포장을 해놓지만 돈을 지불하고 사 가는 일은 거의 없다. 빈 지갑을 티내진 않지만 오랜 세월 이 가게에서 그를 맞이했던 임숙희 씨는 안다. 재활용품을 살 정도의 돈도 없다는 것을.

한 번은 임숙희 씨가 손님이 들고 온 물건을 정성스레 싸서 작고 예쁜 선물용 쇼핑백에 넣어주는 것을 보았다. 손자에게 줄 500원짜리 장난감이었다. 슈퍼에서는 낱개로 뜯어 파는 작은 젤리가 아닌 다음에야 500원짜리 물건을 구경하기도 힘든데, 그 물건을 저리도 정성스럽게 싸주다니. 임숙희 씨는 물건을 정리하고 팔면서 손님들의 마음을 살핀다. 얇은 지갑이 부끄럽지 않게.

가게가 아이를
길렀어요

3

아름다운가게는 재사용가게를 운영하면서 지역사회 주민들의 생활 속에 뿌리내리고 그 지역 풀뿌리 시민들의 문화와 공육共育의 사랑방이 되고자 노력합니다.

아름다운가게 설립의 근거와 목적, 그리고 기본원칙을 담은 정관 전문前文 첫 장 네 번째 줄에 있는 말이다. '공육'은 함께 기른다는 말이다. 흔히 쓰는 말은 아니지만 생각할 거리를 던져준다. 함께 성장을 위해 노력하자. 아이의 성장을 가게와 마을공동체가 함께 책임지자는 뜻쯤으로 이해하면 될 것 같다. 처음 들었을 때 고개를 갸웃거리게 했던 이 말은 가게의 또 다른 단골손님인 아이들과 그 엄마를 만나보면 저절로 이해하게 된다.

　토요일 오전 시간, 7~10세쯤 된 자매 둘이 2층의 놀이공간
에서 정말 '열심히' 논다. 매대에서 작은 인형 10여 개와 자동차
를 가져온다. 인형 중에 마음에 드는 것을 골라 각자 가족을 만
든다. 그리고 자동차 장난감을 한 대씩 나눠가지고 인형놀이를
한다. 다양한 상황이 생겨난다. 인형가족이 마트도 가고 놀이 공
원도 간다. 놀이공원을 갈 때는 아이들을 다 실을 수가 없어 자
동차 위에 얹어서 간다. 그렇게 한 시간 가까이 논다. 그 시간 동
안 엄마와 아빠는 이것저것 물건을 보다 자리 잡고 앉아 책을 읽
는다. 이 가족의 이런 일상은 너무 익숙한 것처럼 보였다. 아이들
의 인형놀이도 손발이 척척 맞는 걸 보면 하루 이틀 해본 솜씨
가 아니다. 이 2층 다락방은 동네의 다른 많은 아이들도 길렀다.

# 방희성 씨

아이 물건을 거의 다 아름다운가게에서 샀다는 방희성 씨도 이곳 2층 다락방이 아이를 기른 곳이다. 한 살 때부터 가게에서 아이가 장난감을 만지작거리는 동안 방희성 씨는 옷도 고르고 책도 보고 했다. 방희성 씨는 서울에서 10년 동안 직장생활을 하다 결혼하면서 안산으로 내려왔고, 아이를 가지면서 출퇴근 거리가 멀어 직장을 그만두었다. 남편이 출근을 하고나면 평일 낮 시간 동안은 아는 사람도 없고 갈 곳도 없다. 아이가 아프거나 날씨가 고약하지 않으면 주 5일 아름다운가게로 출근한다.

요즘엔 한 살 때부터 가게에 왔던 첫째를 어린이집에 보내고 나서 집을 치우고 간단히 점심 먹고 세 살배기 둘째를 데리고 가게에 온다. 가게에서 시간을 보내다가 첫째를 데리러 어린이집에 간다. 2년 전 까칠한 매니저가 있었던 때 2층이 폐쇄된 적이 있다. 책도 다 팔았는지 하나도 없었고, 사람들도 뜨문뜨문 왔다. 그래도 방희성 씨는 여기 아니면 갈 곳이 없어 아이를 데리고 매일 왔다.

"2층에 올라가진 못 하지만 너무 궁금해서 안 올 수는 없었어요. 마트는 필요한 게 있어서 사러 가는 거지만 여기는 궁금해서 들르

는 곳이에요. 오늘은 또 어떤 물건이 있나 하고 궁금해서라도 와
보게 되요."

아이들은 정말 빨리 자란다. 어느새 옷이 꼭 끼고, 신발이 턱
없이 작아질 때 새삼 느끼게 된다. 옷이나 신발뿐만 아니라 아이
들이 커가면서 그때그때 필요한 물건들이 있다. 아름다운가게엔
그런 물건들이 다 있다. 유모차(유아차), 보행기, 자전거 등 대형잡화
로 분류되는 것들. 방희성 씨는 첫째를 기르면서 여기서 이 세 가
지 물건을 다 샀다. '이런 물건이 필요한데, 있었으면 좋겠다' 생각
하고 며칠 기다리면 신기하게 가게 앞에 나와 있다. 50만 원 하
는 유모차(유아차)를 5만 원에 샀을 때는 '완전 득템!', 스트레스
가 확 풀렸다. 애들한테 정말 필요한 것을 싼값에 사니 큰 일한
것처럼 보람도 있다. 세발자전거와 보행기도 각각 1만 5,000원,
1만 원에 샀다.

한슬이 엄마

## 심훈희 씨

가게에서 한슬이 엄마로 통하는 심훈희 씨도 아름다운가게가

딸 한슬이를 키웠다고 말한다. 한슬이가 읽는 거의 모든 책과 옷을 여기서 샀다. 하루가 다르게 쑥쑥 크는 아이들의 옷을 비싼 백화점이나 옷가게에서 살만큼 생활에 여유도 없을뿐더러, 무엇보다 이곳이 편안했다. 이제 십대가 된 한슬이 또한 이제는 가게의 단골손님이다.

심훈희 씨는 자전거와 장화를 사준 것이 기억에 남는다고 한다.

"아이가 자전거를 타고 싶다고 해서 인터넷으로 써치해 보니까 15만원이 넘어요. 우리 애를 설득했죠. 아름다운가게에 자전거가 나오면 사자고요. 다행히 3일을 기다리니 나왔어요. 사이즈도 딱 맞고요. 가격은 3만 5,000원."

아이가 조르지 않고 잘 기다려 준 건 항상 아름다운가게에서 물건을 사 버릇해서이다. 필요한 걸 언제든지 살 수 있는 마트와는 달리, 누군가 내가 필요한 물건을 기증해줘야 살 수 있다. 가끔 매니저에게 부탁해 물류창고에 있는지 확인하기도 한다. 필요한 물건을 싼 가격에 얻기 위해 엄마도 아이도 기다림을 배운다. 그리고 더 이상 필요 없어지면 언제든 다시 기증한다. 이 과정을 통해 아이들도 배운다. 물건은 소유하는 것이 아니라 사용하는 것이라는 점을. 그래서 얼마든지 서로 나누어 쓸 수 있다는 것을.

서울이 고향인 이여란 씨도 아름다운가게에서 아이를 길렀다. "사실 아기엄마들은 갈 곳이 없어요. 결혼하고 애기 낳고 나면 뭔가 확 떨어진 느낌이 강해요. 그런데 여기 나오면 좀 어딘가에 속해있는 것 같고, 책도 볼 수 있고." 그래서 아이가 다섯 살 때부터 아름다운가게 상록수점을 이용해 왔다. 지금은 아이가 6학년이다. 아이가 다섯 살 때 자주 나가던 동네 놀이터에서 심훈희 씨를 만났다. 두 사람 다 딸아이를 데리고 나온 데다 한 살 터울이라 자연히 아이들 따라 엄마들도 어울리게 되었다. 둘이 이것저것 애기를 나누다 보니 서울에 있는 모 여중·여고 선후배 사이였다. 그때부터 언니동생하며 타지에서 의지하게 되었다. 아름다운가게도 심훈희 씨의 소개로 다니게 되었다. 지금도 심훈희 씨를 보고 싶으면 월·수·금 오후 시간에 가게에 나간다. 그러면 어김없이 그녀를 만난다. 따로 전화할 필요도 없다.

　엄마도 육아의 어려움을 호소하고 위안 받을 누군가가 필요하다. 엄마 마음은 엄마가 안다. 하루 종일 집에서 혼자 아이들 뒤치다꺼리 하다보면 자연히 우울해진다.

　"요즘엔 동네 주민센터 어린이 도서관도 아이들이 이야기하고

뛰어 놀고 책도 읽을 수 있게 잘
되어 있어요. 그래서 가끔 가
는데 여기(상록수점)만큼 완
벽하진 않아요."

여기는 '모든 게 다 갖춰져 있
는 공간'이다. 놀거리, 볼거리,
읽을거리, 그리고 먹을거리까
지 있다.

"너무 편해서 좀 미안할 정도에
요. 우리 아이도 편하게 책방처럼 이
용해요. 먹을 것도 팔아서 간식으로 사주면 먹으면서 놀아요. 뛰
어다녀도 뭐라고 안 해요. 아이들이 편하게 노니까 자연스럽게 엄
마들의 만남의 장소가 되요."

아름다운가게엔 공익상품으로 우리 밀 과자 등 친환경상품
들이 있다. 아이들은 우리 밀 웨하스나 과일 말린 것, 쥬스 등 간
식을 사주면 오랫동안 논다. 엄마들도 덩달아 수다가 길어진다.

꽃보다
할배

4

아름다운가게가 문 여는 시간인 10시 30분. 그 시간에 가면 항상 만날 수 있는 손님이 있다. 동네 남자 어르신이다. 여성 어르신이 가족과 끈끈하고 깊숙이 결속되어 있어 그 부담을 잠시 내려놓으려 가게를 이용한다면, 남자 어르신은 그 반대이다. 집에는 있을 자리가 마땅치가 않아 아침부터 밖으로 나온다.

이곳 단골손님인 남자 어르신들은 정말 멋쟁이다. '꽃보다 할배'라는 말이 나올 만큼 옷차림이 남다르다. 봄이면 노랑·보라 등 원색 카디건에 여름이면 어디서 봤음직한 큰 상표가 붙은 티셔츠에 흰 바지, 그리고 항상 선글라스를 머리에 턱 올려놓는다. 말쑥하게 양복을 차려 입고 머리를 빗어 넘긴 정치가 스타일의 전상수 씨, 그리고 다부진 몸매에 아무나 소화할 수 없는 화려한 쫄티로 멋을 내는 스포츠맨 스타일의 박원배 씨 등은 모두 일흔이 넘은 젊은 할배들이다. 큰형님은 여든이 넘으셨다. 언제나 말없이 책만 보다 가는 유생 스타일의 우용해 씨도 있다.

# 우용해 씨

우용해 씨는 서울에서 식당을 운영하다가 2007년에 집값이 저렴한 안산으로 이사 왔다. 귀도 잘 안 들리게 되었고 하는 일도 힘에 부쳐 식당을 그만두고 내려온 것이다. 그때 아름다운가게를 발견했다. 그날로 아름다운가게를 거의 매일 다닌다. 여기서는 주로 책을 산다. 아침에 학생들 등교시간이 지나면 집을 나와 전철로 여기저기 다니다가 전철이 다시 붐비기 시작하기 전에 집에 들어온다. 항상 오후 4시 정도에 집에 들어온다. 부인과는 취미가 안 맞아 혼자 다닌다. 서로 그게 더 편하다. 아름다운가게를 알고 나선 서울·경기 일대의 아름다운가게를 찾아다니는 것이 일과가 되었다.

"언젠가 상록수점 앞에 갔더니 아름다운가게 목록이 있는 거야.

그래서 그것을 안내 삼아 아름다운가게 지점들을 하나하나 들려 봤어. 동숭동이랑 송내도 가고 그랬지. 그 손바닥만 한 안내 책자 있잖아. 그거 보고 운동 삼아 아름다운가게 다녔어.”

책을 워낙 좋아해서 책만 파는 아름다운가게는 여러 번 갔었는 데, 최근에 경기가 안 좋은지 “대학로점도 없어지고, 종로구청 지 하에 있던 것도” 없어졌다. 아름다운가게 상록수점은 시내 갔다 오는 길목이라 자주 들른다. 가게에 오면 보통 20분 정도 가게 를 둘러보고 책을 사서 간다. 이렇게 사 간 책은 읽고 다시 기증 한다. 책은 닥치는 대로 본다. 최근에는 「수학의 정석」 책을 사서 봤다. 고등학교 때 수학을 잘 못 했던 기억이 나서 집어 들었다. 사람들과 직접 이야기를 나누거나 하진 않지만 서로 얘기를 건네는 이곳의 분위기에 정이 많이 들었다. 그리고 무엇보다 다른 가게에 비해 책이 많아 자주 들른다.

# 박원배 씨

'건달'과 '양아치'의 차이를 알려 준 박원배 씨는 금빛의 호랑이 무늬가 있는 쫄티를 입고 다닌다. 가게에서는 아무도 사지 않는 옷을 눈여겨봤다가 산다. '진정한 패셔니스타는 나만의 스타일을 가져야' 한다는 게 패션에 대한 그의 지론이다. "아무나 못 입을 것 같은 그 금빛 무늬 쫄티는 멋있어 보이는데 아무도 사 가지 않길래 '내 거다' 싶어 사 왔어. 그런데 집에 가져와서 보니 여자 옷인 거야." 그래도 개의치 않았다. 박원배 씨는 '나니까 이런 옷도 소화할 수 있다'는 마음으로 입는다. 남자 옷은 색이 칙칙해서 오히려 맘에 드는 화려한 여자 옷의 큰 사이즈가 들어오면 여자 옷인지 알고도 사 입는다. 백화점이 아니라 아름다운가게여서 가능한 일이다. 백화점에서 여자 쫄티를 사면서 피팅룸에서 입어 볼 수는 없을 테니까. 최근 백내장 수술을 하고 도수 있는 안경이 필요 없어져서 패션 안경을 쓴다. 요즘은 가게에 새로

운 안경이 들어왔나 아침마다 보러오는 게 재미다. 박원배 씨는
이 가게에서 이런 소소한 즐거움으로 하루를 시작하는 지금이
행복하다. 그가 들려준 76년의 삶을 생각해보면 지금이 정말 행
복하겠다는 생각이 든다.

박원배 씨가 아홉 살 되던 해 6·25 전쟁이 일어났다. 서울 사
대문 안, 을지로 3가에서 지식인 부모 밑에서 유복하게 자란 박
원배 씨의 일상은 전쟁으로 인해 지독한 가난으로, 그리고 건달
의 세계로 이어지게 된다.

"내가 중상가정에서 태어났어. 잘 살았어요. 서울서 그 당시 냉장
고가 있고 바나나를 먹었으니까. 그리고 우리 집 하인이 다섯 명
이었지. 자가용도 있었어. 당시에 학교는 을지로 5가에 있었던 사

범 부속 국민학교를 다녔지. 그런데 우리 아버지가 6·25 사변 때 이북으로 납치되었어요. 당시 아버님이 피난을 가지 말고 꼼짝없이 서울에 있으라고 하고 나가셨단 말이에요. 어머니가 임신 중이어서 어쩔 수 없이 동대문에 있는 외할머니댁으로 갔어. 그리고선 1월에 아기를 낳았는데 쫙 불 때고 산후조리를 해야 하는데 그것도 못 하고 있는 판에, 어떤 여자가 뛰어다니면서 소리를 지르고 다녀. 신설동에 인민군이 중공군하고 와가지고 애고 어른이고 창으로 찔러 죽이고 난리가 났다고 빨리 피난을 가라는 거야. 외할머니는 애 낳은 지 일주일밖에 안 됐는데 이 엄동설한에 어디를 가냐. 아범이 피난 가지 말라고 하지 않았냐 했지만, 어머니는 우리를 찔러 죽인다는 소리를 들으니까 피난을 가야겠다고 생각하셨나 봐. 나중에 들으니 그건 헛소문이었어. 난리통에 하인들이 다 도망가고 두 명이 남았어. 이고 지고 같이 여주·이천으로 피난을 갔죠. 한강이 얼었어도 사람들이 막 지나가다 빠지고 난리가 났어. 피난을 가는데 길이 너무 매여 구루마를 타도 서서 가는 거야. 엎어지면 코 닿을 여주·이천을 보름 동안 걸어서 갔어요."

...

"일주일을 가서 곤지암에 들렀어. 거기서 인민군 대장한테 도움을 받았지. 엄마가 젖이 안 나오니까 인민군 대장이 열댓 명 병사를 집합시켜서 조금씩 미숫가루를 걷는 거예요. 아기 미음 끓여주라며 그걸 걷어주고 가더라고. 그런데 그 이튿날 가다가 애기가 얼어 죽었어요. 등허리에서. 얼마나 추운지. 먹지도 못하고. 묻었지. 우리 어머니는 여주·이천까지 가서 돌아가셨어요. 애기 죽고 한 열흘 있다가."

이렇게 박원배 씨는 전쟁이 난 지 5개월 만에 모든 것을 다 잃는다. 고왔던 부잣집 마나님이 굶고 얼어 죽다니. 어머니를 언 땅에 묻으며 울었다. '꼭 내 성공해서 잘 모시겠습니다'라고 다짐했지만, 서울이 수복되었을 때 나이 11세. 그 나이에 성공은 고사하고 할 일이 아무것도 없었다. 여주·이천에 있을 땐 미군들에게 '김미 쪼콜레토'를 외치며 먹을 것을 해결했다. 미군들이 이동하면서 식량을 땅에 묻고 갔는데, 밤에 그것들을 파내 쌀이랑 바꿔먹었다고 한다. 네 살 많은 형은 일을 했고, 네 살 아래 여동생은 수양딸로 갔는데 박원배 씨는 어디 갈 데가 없었다. 고아원이라도 갔으면 좋았을 텐데…. 학업은 국민학교 2학년으로 끝이었다. 타고난 사교성, 근성, 좋은 머리로 조직에서 운영위원도 되고 장도 되었지만 취업은 어려웠다. 졸업증명서가 없었기 때문이다. 무학자라는 게 '뽀록'이 나면 아무리 일을 잘해도 정식 취업은 안 됐다. 구두닦이, 신문팔이 등 돈 될 만한 건 다 했지만, 신원보증이 필요한 일자리는 보증을 서 줄 사람이 없었다. 창신동

돌산에서 고아인 친구와 움막을 치고 살았다. 결국 그 친구는 동사했다. 박원배 씨는 조상님이 주신 타고난 체력 덕에 죽을 고생을 하고도 살아남았단다.

"15세가 되던 해에 건달 세계에 입문했지. 당시 떠들썩했던 김두한, 이정재, 임화수가 다 여주·이천 출신이야. 싸움은 배웠는데 나이가 어려 아주 험한 일은 안 했어. 곯은 배를 안고 밥 한 끼 얻어먹으려고 이모네, 삼촌네 가면 어유 불쌍한 거! 하면서도 밥 때가 되었는데 밥을 안 먹어. 거기도 애들이 일고여덟 하니 먹을 게 없는 거야. 내가 돌아 갈 때까지 밥을 안 먹어. 나도 끝까지 앉아 있는 거야. 결국 밥을 얻어먹지. 그 한 끼로 사는 거야. 배싹 말랐었는데, 건달 세계에 입문하면서 살이 오르기 시작하는 거야. 거기선 먹고 하는 일이 쌈밖에 없으니까."

특공무술 9단을 딸 정도의 싸움 실력도 이때부터 연마했단다. 경찰에게 여러 번 쫓겼지만 매번 고비를 넘겼다. 4·19 혁명 때는 쫓기다가 한강 다리에서 뛰어내렸다. 부러진 다리를 질질 끌고 하수도로 들어가 살았다. 죽을 고비를 한두 번 넘긴 게 아니다. 그렇게 살아남았단다. 전국에 수배령이 내려지자 그는 군대로 '튀었다'.

"논산훈련소 가는 길에… 용산역에서 부모들이 눈물 콧물 흘리며 난리인데, 나는 울어줄 사람도 아무도 없고 주머니에는 돈 십 원이 없더라고. 나는 그저 먹을 거나 줬으면 하는 생각뿐이었어. 그런데 기차 안에서 주먹밥을 하나씩 나눠주는 거야. 남들은 군대 가면 죽는다 난리인데, 이 꿀맛인 주먹밥을 먹으며 '이제 살았다'고 생각했지. 적어도 의식주는 해결되니까. 입소 첫날 군복과 군화를 받았는데, 옷은 다 떨어지고 신발은 오른쪽만 두 개를 주는 거야. 오른쪽 신발만 두 개를 받았다고 말하고 바꿔달랬다가 뒈지게 매만 맞았어. '오른쪽이고 왼쪽이고 그냥 신으라면 신는 거지, 이 ××야' 그러더라고."

1963년 7월 28일에 제대를 했다. 제대한 날은 잊을 수가 없다. 학력이 무학이라 병장제대가 안 된다고 해서 군대도 학벌 따지냐고 난동을 부려 상병제대를 겨우 면했단다. 건달 생활을 정리하고 사진 일을 했다. 결혼식에서 스냅 사진을 찍어 팔다가 실력을 인정받아 영등포 신한예식장에서 원판사진을 찍었다. 사진 일을 하면서 앙드레 김도 만나고, 미용실로 유명한 알렉산더 김과도 친해졌단다. 이들이 유명해지기 전의 일이다. 그러다가 숙명여대에서 피아노 반주 아르바이트를 하는 첫사랑 여인을 만났다. 서로 좋아했지만 자신의 학벌을 생각하면 자신이 없어져 슬그머니 도망쳤다. 그 여성을 아직도 잊지 못한다.

"그 학생이 나를 좋아했어. 쉬는 날엔 남산이고 창경원이고 놀러 많이 다녔지. 한번은 문산에 놀러 갔어. 차가 6시면 딱 끊기더라고. 그때 내가 《맨발의 청춘》에 신성일 같았다면 그 여성과 같이 사는 건데. 난 무식하고 돈도 없고 공부도 못하고, 그런데 이런 대학까지 나온 여자와 결혼을 하면 이 여자가 얼마나 후회를 할까, 얼마나 실망할까 하는 생각이 막 드는 거야. 그래서 나는 툇마루에서 잤어. 그리고 도망쳤지."

그 이후 1969년부터 30년 동안 택시 운전을 했다. 그리고는 모범택시가 처음 나올 때 모범택시를 운전했다. 영등포에서 모범택시 운영위원장, 지도부장, 상조회장을 했다. 500명이나 되는 조직의 회장을 하다 보니 국회의원도 찾아왔다. 회원의 부인까지 하면 1,000명을 움직이는 자리였기 때문이다. SBS가 개국한 이후에는 교통 통신원으로 활동했다. 방송국과의 인연으로 단역으로 드라마에 출연하고 예능에도 얼굴을 비췄다. 교통 통신원을 대표해서 SBS 윤세영 회장으로부터 표창장도 받았다. 택시 운전으로 죽기 살기로 돈을 모아 서울 영등포구 신길동에 집을 한 채 샀다. 그 무렵 결혼도 했다. 신길동에 아파트가 들어서면서 보상을 받아 그 돈으로 안산에 건물을 샀다.

지금은 그 건물의 열다섯 세대의 세를 받아 살고 있다. 그런데 그 돈은 다 부인에게 간단다. 박원배 씨는 자기 용돈은 스스로 벌어 쓴다. 처음 안산에 왔을 때는 공단에 가서 지게차를 운전했다. 기술이 좋아 인기가 있었다. 지금은 저녁 6시부터 자정까지 건물관리를 한다. 화장실 문이나 수도가 고장 나면 고쳐준다. 아름다운가게에 나오는 중고 소품가구도 박원배 씨 손을 거치면 새 물건이 될 정도로 손재주가 있다.

건달과 양아치의 차이를 아는가. 건달은 '하늘 건乾'에 '이를 달達'이니 그 창대한 기운이 하늘에 이를 정도의 싸움 기술을 연마한 사람이다. 그런데 양아치는 그냥 양아치다. 건달은 강한 사람에게 강하다. 거친 인생을 살면서도 약한 사람을 건드리진 않는다. 그러나 양아치들은 약한 사람들을 괴롭혀 '삥' 뜯으며 산다. 박원배 씨가 건달에 대해 알려주기 전까진 건달이 이렇게 훌륭한 사람인지 몰랐다. 지금도 동네 2층 카페에는 건달들이 모인다.

그러나 박원배 씨는 이제 건강이 제일이라고 체육관으로 간다. 건달들과 노는 대신 고추장·된장을 담그고, 삐걱거리는 의자를 주워 싹 고쳐놓는다. 지금도 '건달의 태도'와 싸움 실력을 보여줘야 할 때가 있지만 나이도 있고 해서 참는다. 대신 체육관에서 좋아하는 운동을 하고, 아름다운가게에서 좋아하는 사람들과 말을 섞으며 물건을 고른다. 그게 삶의 재미다.

노스님이 노후에 잘 산다고 했단다. 부인하고 뜻이 잘 맞지 않아 따로 다니는 것 외엔 몸 건강하고 쓸 만큼 용돈 벌어 쓰니 부러울 게 없다. 아름다운가게에 가끔 명품 같은 물건이 싸게 나오면 선물도 하고, 사서 입고 나갔는데 좋다고 하면 그 자리에서 벗어주기도 한다. 값이 싸서 선물하는 즐거움을 맘껏 누린다. 먹고 살기도 힘들었던 시절 채우지 못한 옷 욕심을 지금 실컷 채운다. 화려한 나만의 옷으로 하루에도 두 번씩 갈아입는다. 노스님의 예언이 맞는 것 같다. 어머니의 무덤 앞에서 했던 다짐도 지켰다. 안산에 집을 살 무렵 어머니 묘지를 이장했다. 이장할 때 인부들에게 소리쳤다. "왕릉 안 가봤어요? 그 만큼 크게 올리라고!"

여기선 감정노동
안 통해요

5

"내가 옹졸한가 봐." 자원봉사자 임숙회 씨다. 아름다운가게라고 손님들이 모두 아름답겠는가.

"나는 그런 걸 못 보겠더라고. 옷을 막 입어 보잖아요. 입어보고 이렇게 뒤집어서 주는 거예요. 뒤집어서 주면서 '걸어요!' 이래요. 옷 세 벌까지는 참았어요. 그런데 옷마다 그러는 거예요. 그것도 겨울옷이었거든요. 막 성질이 나더라구요."

친절한 사람은 나보다 약한 사람, 막 대해도 되는 사람이라고 생각하는 사람이 있다.

"제가 '선생님, 여기는 본인이 거시는 거구요, 본인이 입어보시고 정리하시고 다 하셔야 해요' 했죠. 그랬더니 그래도 좀 해주면 어떠냐고 하는 거야. 그때부터 부글부글 속이 끓더라고. 내가 인격수양이 덜 됐나 봐. 여기 오면 안 되나 봐. 난 못 참겠더라고. 어떤 사람은 그렇게 아무 데나 둬서 '제자리에 걸어주세요' 했더니 돌아서면서 '키도 큰데 좀 걸어주면 어때요?' 하더라고."

좋은 마음으로 자원활동을 나왔다가 봉변당하는 기분이 드는 날이다. 돈을 던져주는 사람, 말끝마다 꼬투리는 잡는 사람,

성적인 농담으로 자원봉사자를 언짢게 하는 사람들이 있다. 아름다운가게에서 심리상담가를 자처하는 김창민 씨가 자주 만나는 손님이 있다. "그 할아버지, 어제도 오셨어요. 항상 돈을 이렇게 던져요. 그러다 바닥에 떨어지기도 해요. 그러면 저는 '돈이 많이 아프겠네요' 해요. 그래도 아랑곳하지 않으시죠." 게다가 이 손님은 물건도 자주 훔쳤다. 매니저가 이 모습을 목격하고 주의를 줬다. 한쪽 구석으로 데리고 가서 알아듣게 말을 했다. 물론 한 번에 고칠 수는 없었다. "(그래도) 정말 좋아졌어요. 어제 같은 경우는 돈 안 던지고 이렇게 놓더라고요. 살짝 놨어요." 그분의 살아오신 세월을 존중하면서 조심스럽게, 상처 안 받게 말씀드린다. "돈 던지지 마시고 저에게 그냥 주세요" 하고.

이곳에서 가장 오래 일했고 연배도 가장 높은 이순희 씨는 계속되는 반말에 '민증을 깠다'.

"계속 반말을 하길래, '아저씨 저 좀 봐요' 이케 가지고 가게 구석 창고 쪽으로 모시고 가서 '주민등록증 내세요' 하니까 머뭇머뭇 하더라고. '주민등록 까세요' 했죠."

'호호 아줌마'처럼 항상 웃는 표정인 이순희 씨가 "주민등록 까세요" 했을 땐 어떤 모습이었을까?

임숙희 씨는 그런 상황이 되면 끊임없이 자신을 나무란다.

"내가 수양이 덜 되었나 봐. 참을걸. '이거 계산해! 이거 얼마야?' 이러면 아니 나도 나이가 개수가 있는데. 딱 봤을 때 비슷비슷한 것 같으면, '선생님, 저도 나이 개수가 있어요' 이러거든요. 그래도 여전히 반말을 해요. '그래? 이거 얼마니?' 이렇게 딱 묻더라고요."

김창민 씨는 자신을 딸 취급하는 남자 어르신의 반말과 '커피한잔하자', '밥 한번 먹자'는 추파가 힘들었다. 그런데 그 어르신이 결국 마을가게 단골손님이 되었다. 이야기를 털어놓고 들어주는 관계가 되면서 자연스럽게 거친 태도가 고쳐지고 예의 바른 손님이 되었다.

'가진 거 아무것도 없어도 당당하게 일하는 거.' 자원봉사자가 십 년 넘게 일할 수 있게 하는 원동력이다. 어떤 노동의 현장이건 자기 노동에 당당해지고 감정노동을 강요받지 않아야 한다. '손님은 왕'이라 했던 서비스업의 판매전략이 손님을 갑질하는 망나니로 만들었다. 다른 제3의 공간, 도서관 얘기를 해보자. 『도서관학 5법칙』에 "이용자를 왕처럼 모시지는 않겠습니다"라는 대목이 있다. 여기에는 두 가지 메시지가 담겨있는데, 이용자의 요구를 무조건 따르지 않겠다는 것과 왕을 섬기는 것과 비교

3. 박영숙, 2017,
『이용자를
왕처럼 모시진
않겠습니다』,
알마. p. 25.
할 수 없을 만큼 진정으로 이용자를 존중하겠다는 뜻이 숨어있다.[3]

당신의 얇은 지갑을 알기에 500원짜리 선물도 박스에 담아드리지만, 막무가내인 당신의 비위를 맞추지는 않겠다는 것이다. '도서관을 크게 만드는 것은 규모가 아니라 환대'라는 인도 시인 타고르의 말을 아름다운가게에도 적용할 수 있다. "마을가게를 크게 만드는 것은 규모가 아니라 환대다." 여기에 공동체 의식을 더하면 어떨까? 아름다운가게에서 물건이 순환되고 수익금이 나누어지는 것처럼 노동도 나눌 수 있다. 이는 아름다운가게가 마을의 공공재이니 같이 소중하게 다루자는 의미이다. 아름다운가게 상록수점은 시간의 흐름과 더불어 지역주민들과 함께 성장해가고 있으나 운영방침은 다른 '아름다운가게'와 다를 바 없다. 아름다운가게에서는 손님을 '구매천사'로, 자원봉사자를 '활동천사'로 부른다. 이런 구분이 이용자를 구매자로만 한정 짓는 것은 아닌지. 사랑방처럼 이곳을 드나드는 손님을 단지 구매자로 대하게 만드는 호명은 아닌지 생각해볼 문제다.

---

- 기본자세: 밝은 표정으로 간단한 안부를 전하며 인사함

"안녕하세요! 아름다운가게입니다."

- 권유형

"죄송합니다만, 양해해주신다면."

- 불만고객 응대

경청 〉 공감 〉 사과 〉 장소이동 〉 상황설명 〉 대안 제시

---

「아름다운가게 매장운영 매뉴얼」 중 일부분이다. 이것 외에 몇 가지가 더 있다. 상록수점 자원봉사자들의 매장 운영방식은 이 매뉴얼보다 훨씬 더 정교하고 철학적이다. 여기에는 10년이 넘는 시간을 함께 보낸 자원봉사자와 손님이 있다. 이 두 주체가 같이 마을가게 운영원칙을 만들었으면 어땠을까?

목까지 뿌듯함이
차오르지

6

"하여튼 가게 나가면 엄청 기분이 좋아요. 일 마치고 나서면요, 여름에는 날이 밝을 때 마치고, 겨울에는 6시라 일 마치고 나서면 어둑어둑해요. 그럴 때 나가면요. 아! 우리가 밭에 가서 해질 때까지 일하고 가는 것처럼 그렇게 아주 뿌듯하고 뿌듯해요. 막 목까지 뿌듯해요."

시인지망생 자원봉사자 이순희 씨의 말이다. 32년을 시집살이하다 처음으로 사회생활을 한 것이 이곳이었다. 상록수점이 문을 열었을 때부터 자원봉사를 시작해서 14년 동안 그렇게 목까지 차오르는 뿌듯함을 느끼며 가게를 나섰다. 일흔이 넘은 나이였는데도 힘든 줄 몰랐다. 가족들은 '선방에서 10년 수련한 것보다 낫다'고 한다. 가게를 다니면서 여러 사람을 많이 만나다

보니 마음이 넓어졌다나. 그러고 보니 이순희 씨 앞에서 주민등록증을 '까야만' 했던 반말 아저씨도 마음수련에 도움을 준 셈이다.

아름다운가게는 자원봉사자가 없으면 애초에 운영할 수 없다. 아름다운가게의 나눔과 봉사의 철학에 공감하는 지역주민이 자원봉사자가 된다. 가게는 시간이 지나면서 마을의 치유공간이자 사랑방이 된다. 치유공간이 될 때 자원봉사자는 심리상담가가 되고, 사랑방이 될 때는 아랫목 따뜻하게 데워주고 슬쩍 빠져주는 안주인이 된다.

한때 이곳에 자주 오던 목수가 있었다. 일하다 높은 곳에서 떨어져 허리를 다쳤다. 통증이 점점 심해져 수술을 해야 했는데 문제는 이 사람이 고아라서 수술 시 보호자 서명을 할 사람이 없었다. 그는 이순희 씨에게 부탁을 했다. 처음에는 선뜻 해주고 싶었는데 고민이 되었다. '내가 이 사람을 책임질 수 있을까?' 하는 의문이 들었다. 고민이 깊어지고 가족들과도 상의했다. 결국 보호자가 될 수 없다고 결론 내렸다. 못 도와줘서 아쉬웠지만, 그만큼 의지할 만한 사람이 되었다는 생각에 기뻤다. 남남 간에 이런 부탁을 할 수 있다는 건 부탁하는 사람으로서는 그만큼 신뢰한다는 뜻이니까. 이렇게 자원봉사자는 '친척 아닌 친척'이 된다.


## 자원봉사를 전문가처럼, 정미경 씨

정미경 씨는 10여 년 전 가게 초창기에 받은 감사패와 감사편지를 잊을 수 없다. "개점 1주년, 2주년, 기주년이 되면 재활용품으로 감사패를 만들고 편지 조그맣게 써서 이렇게 주시고, 집으로 감사편지가 오고 그랬어요." 나의 노동이 누군가에게 도움이 된다는 것을 인정받는 것 같아 뿌듯하다. 지금은 대학생이 된 쌍둥이 아들들도 초등학교 때부터 연초면 엄마를 도와 어려운 이웃에게 모금한 쌀을 실어다 집까지 배달하는 봉사를 해왔다. 아들들이 기꺼이 봉사하는 엄마를 도와준 일이 자랑스럽기만 하다.

"여기 있으면 사람들이 남편이랑 손잡고 왔다가, 그다음엔 배가 불러서 왔다가, 어느새 아이 손 잡고 오는 그런 과정을 다 봐요. 신기하고 재미있어요." 그런 손님에겐 그때그때 필요한 물건을 챙겨주게 된다. 아이가 태어나면 가제 손수건이나 배냇저고리를, 아이가 크면 보행기, 유모차(유아차), 옷을 챙기게 된다. 손님들이 감사해하는 모습은 더할 나위 없는 보상이다. 한번은 알고 지내던 지적장애인 손님이 계속 배가 불러서 오는데, 결국 셋째, 넷째 아이까지 보게 되었다. 안 되겠다 싶어 보건소에서 피임법을 배우도록 권유했다.

이곳에서 7~8년씩 일해 온 다른 활동가들과 마찬가지로 정미경 씨도 가게에 나오지 않는 날은 다른 곳에서 자원봉사활동을 한다. 정미경 씨를 비롯한 아름다운가게 자원봉사자들은 제대로 봉사활동을 하기 위한 다양한 자격증을 가지고 있다. 이들의 자격증을 다 합치면 20여 개가 넘을 것이다. 그 종류도 다양하다. 바리스타 자격증, 노인 요양보호사 자격증, 웃음치료사 자격증, 심리상담가 자격증, 레크리에이션 지도자 자격증 등등. 2014년 세월호 참사가 일어나고 김동현 매니저가 세월호 유가족과 함께 활동하느라 가게를 자주 비웠을 때, 정미경 씨는 전문 자원봉사자답게 매니저의 일을 도맡아 반년 가까이 가게를 운영했다.

사랑방,
방앗간,
우물가…

정말 좋은
장소

7

4. Ray Oldenburg. 1999, "The Great Good Place: Cafes, Coffee Shops, Booksores, Bars, Hair Salons, and Other Hang Outs at the Hearts of a Community", Da Capo Press.

여기는 문턱이 낮아 오며가며 드나드는 곳이다. "장을 보고 오시다가도 들르세요. 바나나 싸게 샀다고 두 개 뚝 떼어서 주고 가시고, 또 어떤 분은 그냥 오이랑 당근 사 왔다가 여기다 툭 떨어트리고 가세요." 정미경 씨 말이다. 채송화를 키우다 예쁘다고 키워보라고 화분을 들고 오는 사람, 물건을 맡겨 놓고 며칠이고 있다 찾아가는 사람. 더울 때 어지러우면 누워있다 가는 사람. 오면 그냥 기분이 좋아지는 사람 등등. 아름다운가게의 단골은 매일 들르는, 아니 들러야만 하는 사람들이다.

미국의 사회학자인 올덴버그 Ray Oldenburg 는 『정말 좋은 장소』[4] 라는 책을 냈다. 어릴 적 사촌 형을 따라 마을 스케이트장에 갔을 때 느꼈던, 동네사람들 사이에서 흥겹고 즐거웠던 기억을 잊을 수 없었던 저자는 사회학자가 되고 나서 마을공동체 내의 이런 모임이 가능한 '좋은 장소'에 대한 연구를 했다. 전혀 상관없는 사람들이 관계를 맺는 집 아닌 집 같은 곳. 마을공동체 안에 사람들이 행복한 모임을 가지는 장소에 대한 연구를 했다. 이곳을 '제3의 장소'로 규정했는데, '제1의 장소인' '집'과 '제2의 장소' 인 '일터' 외에 제3의 장소를 가진 사람들은 공동체에 대한 만족감이 높고 행복하다. 제3의 장소는 격식과 서열이 없고, 소박한

대화가 있으며, 출입이 자유롭고 먹을 것이 있는 곳이다. 이 장소를 그는 '정말 좋은 장소'라고 규정했는데, 문턱 낮은 이 마을가게는 손님들에게 '정말 좋은 장소'였을 것이다.

"여긴 방앗간이야. 참새가 방앗간을 그냥 지나가지 않잖아. 살 물건이 없어도 들어가게 되고 지나가다 들어가게 되고, 그 안에 들어가면 거울 앞에 가서 땀도 좀 닦고 물건도 좀 사고 그러지. 2층엔 책이 있고, 1층엔 의류가 있고 그러니 안 사도 뭐 보는 즐거움이 좋아."

박원배 씨의 말이다. 물론 처음부터 사람들이 편하게 아름다운가게를 드나들었던 건 아니다. 10년이 넘는 역사가 이곳을 사

랑방으로 만들었다. "그때만 해도 이렇게 막 얼굴만 보고 아! 저
애도 왔구나, 이렇게 생각했었어요. 근데 어느 때부터 만나게 된
거야." 아름다운가게에서의 인연으로 친목회가 생긴 거다. 낯선
사람들이 친해지는 과정은 별거 아니다.

"이제 내가 마음에 드는 옷을 딱 골랐는데, 이쪽 언니가 '어! 나도
  한 번만 입어보면 안 될까?' 이러면 그 언니한테 주고 옷이 맞다
  어울린다 애기하게 되고 그러면서 서로가 이제 가족 같은 느낌이
  드는 거야."

이 장소에선 옷 한 벌로 이웃사촌이 된다. 이렇게 서로 편하게
이야기하는 사람이 30여 명 정도 된다. 이들은 안 오고 안 보이면

서로 너무 궁금하다.

만약 정신과 상담을 받고 싶은데 어느 병원이 좋을지 모르겠다면, 우리는 누구에게 물어볼 수 있을까? 대개는 익명성에 기대어 인터넷 사이트를 뒤질 것이다. 여기서는 그런 정보들도 오간다.

"우리가 뭐 정신과 병원에 갈라 하면은 남의 눈도 좀 조심스럽고, 또 내가 거기를 가야되나, 이런 것들도 있는데, 여기서는 그런 이야기들도 해요. 들어 보면 약도 처방이 되고, 좋은 병원도 소개가 되고 해요."

자원봉사자 이순희씨 말이다. 무슨 일이 생기면 아름다운가게에 먼저 온다. 여기 오면 대충 다 해결된다. 마음이 답답할 때나 문제가 생겼을 때 여기부터 온다. 한쪽에서는 사람들 간에 이야기가 오가고, 다른 쪽에서는 자기 안의 이야기가 흘러나온다. 들어주는 사람이 있어 좋다.

김정순 씨는 사람을 잘 사귀지 못한다. 동네 아는 사람들은 대부분 아름다운가게에서 사귀었다. 매일 들르다 보니 자주 보게 되고, 한두 마디씩 주고받다 보니 이제는 친해졌다. 그에게 가게는 사람을 사귀는 공간이다. 말이 없는 우용해 씨에게도 이곳은 사람들과 관계를 맺는 공간이다. "동네사람들의 관계가 돈독해지는 공간이지. 여기 와서 농담도 던지고 서로 칭찬도 해주고 얘기도 하고 그러지. 이런 쉼터가 없어지면 안 되는데…."

"다른 아름다운가게와 달리 여기는 정이 많은 거지. 예전에 안양점에 가봤어. 아주 크고 물건도 많더라고. 그런데 거기는 '그냥 가게'야. 거기는 그냥 가. 손님들이 와서 딱 사고 가고 사고 가는…. 우리 같은 분위기가 있지는 않더라고."

최근에 제주도로 이사했지만, 안산에 오기만 하면 아름다운가게부터 들르는 조영숙 씨 얘기다. 여기도 물건이 들어오는 시간에 맞춰서 물건만 사 가는 사람이 있다. 그는 여기서 떠들고 이야기하는 사람들이 싫다고 한다. 물건이 들어오면 빨리 보고 사 가고 싶은데, 여기 단골입네 하는 사람들은 물건을 바구니에 가득 담아놓고 서로 입어보고 돌려 보며 얘기하느라 다른 사람의 구매를 방해한 다는 것이다. 나중에 안 사실이지만, 이런 사람 중에는 다른 재활용가게 주인도 있다고 한다. 싸게 물건을 대량 구매해 자기 가게에서 되파는 것이다. 아름다운가게 상록수점이 모두에게 사랑방이 될 수는 없나 보다. 그리고 항상 사랑방일 수 없었던 시절도 있었다.

# 강재훈과 김태건

아름다운가게를 '아지트'라 부르는 고등학생 자원봉사자 강재훈과 그 친구 김태건은 여기서 일하는 게 그냥 좋았다. 매주 토요일 오전 시간을 일하는 데 써야 했지만 오히려 아지트가 생겼다고 좋아했다. 앞치마를 두르는 순간부터 기분이 좋아졌다. 매니저와 팀워크가 잘 맞아 아무리 어려운 일도 눈짓 한 번이면 손발이 척척 맞아 쉽게 풀어나갔다. 그런데 재작년에 새로운 매니저가 온 이후에는 스트레스를 풀러 온 아지트가 스트레스를 주는 곳으로 변했다. 자원봉사가 시간낭비처럼 느껴졌고 고3을 앞둔 자신들의 처지를 실감하면서 4년간 하던 봉사를 그만두었다. 새 매니저는 재훈이와 태건이의 얘기에 귀를 기울이지 않았다.

예를 들어 예전 매니저는 가끔 토요일에 친구들과 서울에 가서 영화 보고 노는 약속을 하면 융통성 있게 봉사일정을 조정해주었다. 중·고등학생이 매주 토요일에 한 번도 빠지지 않고 일을 한다는 게 쉬운 일은 아니기 때문이다. 그런데 새 매니저의 반응은 달랐다. 쓸데없이 놀러 다니느라 약속을 지키지 않는 사람으로 대하는 것이었다. 그러다 보니 가게에 나오는 것이 재미가 없어졌다. 나를 믿어주는 사람과 신바람 나서 일할 때는 우리들의 아지트였던 이곳이 이제는 스트레스를 주는 공간이 되었다.

아기엄마 심훈희 씨도 새 매니저가 있던 1년간 그렇게 좋아하던 이 가게를 쳐다도 보고 싶지 않아 멀리 돌아다녔다고 하니 사랑방에서 중요한 것이 무엇인지 알 것 같다. 가게를 운영하는 매니저, 그리고 자원봉사자와 손님이 동등한 권력을 가진 것은 아니다. 매니저가 물건을 흐트러트렸다고 눈치를 주고, 기부물건이 형편없다고 한마디 하면 사랑방은 금세 그 기능을 잃어버린다. '정말 좋은 장소'가 되려면 그 공간을 점유하는 모든 사람 간의 관계가 평등해야 할 것이다.

가 게 ————

3
부

itstory

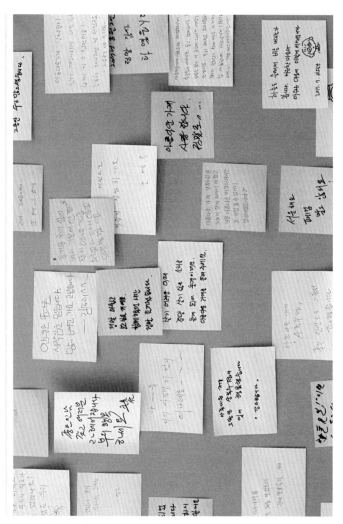

"일 끝나자마자 서둘러 왔는데, 벌써 물건을 정리하네." 가게 안에는 팔리지 않고 남은 물건의 가격표를 잘라내고 박스에 담는 작업이 한창이었다. 뒤늦게 온 한 손님은 돌아갈 생각도 하지 않고, 옷걸이에 팔을 올리고는 봉사자들이 물건을 정리하는 것을 쳐다보며 한동안 그렇게 서 있었다.

2017년 8월 6일, 이날은 아침부터 가게에 사람이 많았다. 폐점 당일, 할인 된 가격에 박스로 물건을 사가는 사람도 있었지만, 대부분은 단골손님들로 일부러 들른 것이다. 주원이엄마와 또 다른 단골손님은 자원봉사자들에게 인사를 하며 울었다. 또 어떤 이들은 몇 년 동안 비슷한 시간대에 여기에 오면 늘 보던 이들에게 새삼스럽게 연락처를 물었다. 가게 한편에 있는 게시판에는 폐점에 대해 사람들이 한마디씩 쓴 쪽지들이 붙어 있었다.

"서운해요. 폐점 말도 안돼요.""좋은 인연으로 그동안 감사했습니다.""살기 어려운 이때, 정말 살기 싫은 소리를 듣게 되어 충격이네요. 아름다운가게를 돌려주세요." 게시판에는 서운함과 감사한 마음이 가득했다.

찢어진 그물코:
공익추구와
수익률의 모순

가게 문을 닫는다는 것은 그 물리적 공간이 사라진다는 것을 의미하기도 하지만, 동시에 아름다운가게 상록수점을 통해 추구했던 가치와 감당했던 역할을 더 이상 지속해 나갈 수 없다는 뜻이기도 하다. 그러기에 '폐점'은 그 자체만으로 단절과 상실을 내포한다. 상록수점의 폐점 과정은 겉으로 보기에는 순탄한 듯 보였지만, 그에 대한 찬반논의는 치열했고 그 논의를 수렴해 가는 과정은 매끄럽지 않았다. 찬반논의가 공론화되어 겉으로 드러나지 않았을 뿐, 폐점 과정에 함께했던 본부 직원과 매장 매니저, 자원봉사자, 지역주민, 매장 건물주, 그리고 폐점 과정을 기록하는 연구자들까지 물 밑에서 휘몰아치는 소용돌이를 경험했다. 폐점을 막기 위한 노력이 있었고, 폐점을 기정사실화한 후에는 다른 형태의 재활용가게 개점을 위한 논의도 있었다. 하지만 가게는 문을 닫았고, 다른 이름으로 다시 열리지도 않았다. 사람들이 이렇게 되살리고자 발을 동동 굴렀던 가게가 왜 문을 닫게 된 것일까?

아름다운가게는 물건의 재사용과 재순환을 도모해 우리 사회의 생태적·친환경적 변화를 추구하며, 우리의 삶의 근본이 변하게 해 사람과 자연이 아름답게 공존하게 하는 '조용한 생활의 혁명'을 긴 안목으로 전망합니다. 아름다운가게는 재사용과 재순환의 과정에서 얻어지는 수익금과 기부금을 지치고 힘든 이웃들과 그들을 위해 일하는 사람들·단체들과 함께 나눕니다. 아름다운가게는 재사용가게를 운영하면서 지역사회 주민들의 생활 속에 뿌리내리고 그 지역 풀뿌리 시민들의 문화와 공육의 사랑방이 되고자 노력합니다.

위의 내용은 아름다운가게 정관에 있는 설립이념이다. 기부받은 중고품을 재판매해 얻은 수익금으로 '그물코정신'이라 불리는 공존의 가치를 추구하겠다는 가게의 목표는 기업의 이름만큼 아름답다. '순환과 나눔의 가치 확산'이라는 목표는 문서화된 정관에만 있었던 것이 아니다. 가게를 들락거리는 사람은 누구나 볼 수 있도록 상록수점의 계산대 앞에도 붙어 있었고, 가게 곳곳의 게시판에도 수익금으로 실천한 공익사업들이 전시되어 있었다. 다른 이윤추구를 목적으로 하는 일반 가게와 아름다운가게는 다르다는 차별화 전략이 가게의 중요한 홍보 내용이었다.

그러나 시장경제에서 살아남아 이윤을 남기는 것과 동시에 공동체와 연대라는 사회적 가치를 추구한다는 것은 현실적으로 쉽지 않은 도전이다. 이 두 가지 목표는 서로 맞물려 있고 긴밀하게 연결되어 있음에도 현실에서는 대립하며 가치충돌을 일

으킨다. 윤리적 소비를 지향하고, '풀뿌리 시민들의 문화와 공육의 사랑방' 역할을 하며, 안산이 처한 현실에 적극적으로 함께했던 상록수점은 수익률 저하를 이겨내지 못하고 2017년 문을 닫았다.

'윤리적 소비'가 단지 구호로만 그쳐야 했는데, 상록수점에서는 수익률에 영향을 미칠 정도로 '지나치게' 실천된 것이 문제였을까? 아름다운가게에서의 소비는 사회적 공익으로 이어진다는 것을 홍보해 왔기에 가게 손님들은 물건을 사면서 뿌듯해했다. 하지만 소비가 미덕이 될 수 있는 구조여도 상록수점의 매니저와 자원봉사자는 단골손님의 주머니 사정까지 알고 있었기에, 손님이 과소비라도 할라치면 오히려 말렸다. 몇 시간이고 구경만 하다 아무것도 사지 않고 나가도 눈치 주는 이가 없었으며,

기한이 지난 후에 반품이나 교환을 요청해도 웬만하면 얼굴 한 번 찌푸리지 않고 해줬다. 그래서인지 가게가 문을 닫게 되었다는 소식을 들은 단골손님들 중에는 미안해하는 이들이 여럿 있었다. '큰형님'도 그 중 한명이다. 매니저는 큰형님이 골라와 계산대에 올린 물건들을 바로 계산하지 않고 정말 필요한 물건인지를 거듭 묻곤 했다. 큰형님이 가게에 매일 들러 시간을 보내기에, 나갈 때 그냥 나가기 미안해 필요 없는 물건을 구매하는 것은 아닐까 걱정스러워서 물었던 것이다. 그러는 과정에서 매니저는 골라온 제품의 설명서를 큰형님과 같이 꼼꼼히 읽어보며 꼭 필요한 구매인지 확인하는 절차를 거치곤 했다. 그랬던 큰형님이 폐점 결정을 듣고 매니저에게 이야기했다. 왜 가게가 어려운 것을 미리 이야기 해 주지 않았냐고. "그랬더라면 주위의 친구들에게 가게 홍보도 더 하고 나라도 더 샀을 텐데…." 꼭 필요하지 않은 물건이라도 좀 더 사서 가게가 유지될 수만 있었다면 그렇게 했을 거라는 큰형님의 이야기는 본심일 것이다.

아름다운가게 본부 측도 지역주민들과 마찬가지로 상록수점을 여타 매장과 다른 특별한 매장으로 인식하고 있다. 상록수점 2대 매니저이자 현재 본부의 총무팀을 맡고 있는 심재근 매니저는 상록수점이 특별한 것은 지역사회에 뿌리내린 '마을가게'로서 단골손님, 자원봉사자, 그리고 매니저가 이웃사촌으로 묶여

유대관계를 형성하며 마을의 사랑방 역할을 했기 때문이라고 말한다. 상록수점을 마을주민들을 향해 열려 있는 공간으로 만들려고 애썼던 매니저와 자원봉사자의 노력이 가장 큰 역할을 했다. 그들이 폐점으로 이렇게 '소중한' 공간을 잃을 수도 있다는 걸 미리 알았더라면, '지역 풀뿌리 시민들의 문화와 공육의 사랑방' 역할을 충실히 수행하기보다 수익률을 따져 사람과 물건을 좀 더 빠르게 회전 시켰을까? 그랬다면, 아름다운가게 상록수점은 그냥 아름다운가게들 중 하나의 매장이고 '우리'가게로 불리지는 않았을 것이다.

아름다운가게
상록수점의 탄생

2

아름다운가게 상록수점은 수도권 전철 4호선 상록수역 주변에 형성된 가구거리 뒤편에 위치해 있다. 길 이름도 상록수안길이다. 상록수안길 골목 입구께 두 번째 건물 1층에 자리하고 있지만, 골목 맨 앞에 위치한 편의점 간판에 가려 큰길에서는 아름다운가게가 보이지 않는다.

대로변과 안쪽 길의 차이는 확연하다. 지은 지 30년은 족히 돼 보이는 대로변의 5층짜리 상가 건물에는 더 들어설 데가 없을 정도로 간판이 빼곡하다. 편의점, 식당, 술집, 옷가게, 휴대폰가게, 화장품가게, 병원, 약국, 노래방, 모텔이 한 건물 안에 존재한다는 사실이 신기할 정도다. 이런 건물들이 편도 3차선대로인 용신로 양쪽에 들어서 있다. 빽빽한 간판만큼이나 유동인구도 많다. 화장품 할인행사를 소개하는 점원의 마이크 소리가 웅

웅댄다. 큰길에는 버스정류장들이 모여 있다. 수원, 서울, 인천을 오가는 시외버스, 안산 시내 곳곳으로 향하는 시내버스가 분주히 들락거린다. 버스들 사이로 편의점과 상가에 물건을 내리기 위해 정차한 트럭까지 얽혀 도로는 혼잡하기 이를 데 없다.

분주한 상가단지로부터 골목길 하나 뒤편인데, 아름다운가게 상록수점이 있는 거리는 다른 동네처럼 한산하다. 상록수점을 아는 사람들은 역 인근이라 찾아오기 쉽다고 하지만, 역세권이라고 부르기에는 후미진 위치 탓에 간판만 보고 찾아오는 유동인구 효과를 기대할 수는 없다. 이런 곳에 아름다운가게의 '서울 외 1호점'으로 문을 열수 있었던 것은 초창기 아름다운가게 지점 설립방법과 궤를 같이 한다. 초기자본이 없던 아름다운가게는 '기부donation'에 명운을 걸었다. 요즘 아름다운가게의 오픈은 전문가들의 상권분석을 통해 지리적 분석, 권리분석, 인테리어 비용, 유동인구 등등을 종합적으로 고려하지만, 초창기 오픈한 가게들은 대부분 기부로 시작되었다. 아름다운가게의 뜻에 동의하는 개인 건물주가 공간기부 의사를 밝혀오면, 인근 자원을 활용해 개점을 추진하는 형태이다. 상록수점의 경우도 당시 정치인이었던 김수철 도의원이 사비로 현재의 상록수점 공간을 임대해 기부를 했고, 본부에서 초대 매니저를 발령해 준비작업을 거쳐 개업했다. 2002년에 아름다운가게 안국점이 1호점으로 문을 연 후, 10개월 후인 2003년 8월에 안산 상록수점이 전국에서 다섯 번째로 오픈할 수 있었던 데에는 이런 연유가 있었다.

개업식 당일에는 개그맨 김미화 씨와 학교 사물놀이 팀, 어린이 합창단이 와서 가구거리 뒷골목을 시끌벅적하게 했다. 더불어 '명사기증품전'이 열렸는데, 안산시장, 검사, 경찰서장, 지역단체장 등등 안산에서 유명한 사람들이 자신의 애장품을 기증해 그 수익금을 나누는 훈훈한 행사였다. 지나가던 동네사람들은 아름다운 물건을 판다는 건지 가게에 들어가면 아름다워진다는 건지 알 수 없는, 이름도 수상한 '아름다운가게'에 호기심을 보였다. 이름에 이끌려 가게의 단골이 된 사람도 여럿이다. 남이 쓰던 물건을 깨끗하게 정리해서 되팔고, 그 이익금을 다시 나눔으로 순환한다는 것이 생소하던 때다. 아름다운가게가 사회적으로 아직 알려지지 않았기에 상록수점 역시 초창기의 어려움을 온전히 함께했다.

상록수점의 초대 매니저인 신선경 씨는 2002년 아름다운가게 안국점에서 자원봉사를 하다가 상록수점 매니저 모집공고를 보고 지원해 개점 준비부터 함께했다. 초창기 그가 가장 주력했던 일은 홍보였고, 제일 어려웠던 일은 크고 작은 행사를 유치하는 일이었다고 한다. 지금도 상록수점에서 자원봉사자로 일하고 있는 이순희 씨를 비롯한 초창기 자원봉사자들의 헌신덕분에 하나하나 일구어 나갈 수 있었다.

"매장 환경이 썩 좋은 형편이 아니었는데도 묵묵히 손을 놓지 않고 도와주신 분들이 많으셨고, 행사를 위한 준비에도 저녁시간까지 기꺼이 내주신 분들이 많으셨습니다. 수익 나눔행사에도 먼 길, 더운 길, 추운 길 마다않고 (나누어 줄 사람들을) 직접 찾아 가 뵙고 이야기를 듣고 같이 공감해주시고 자원활동의 의미를 깊게 새기시는 분들도 많았습니다."

자원봉사자 이순희 씨는 개점 당시를 이렇게 회상한다. "얼마나 추웠는지 여만(여기만) 왔다 가면 감기가 걸려가지고…." 손이 곱을 정도로 추웠던 그 공간에서 그들이 함께 나눈 것은 무엇이었을까? 지금도 그렇지만, 초창기 아름다운가게가 가장 중요하게 생각했던 것은 기부문화와 나눔의 확산이었다. 그래서인지 당시 기부물건들은 먼지나 악취가 나지 않게 세탁해서 '향기'까지 함께 기증해주었다고 초대 매니저는 기억하고 있다.

나눔사업과
지역사회와의
네트워크

3

아름다운가게 상록수점은 행정구역상 안산시 단원구에 속한다. 1976년 반월 신도시 건설계획에 의해 한적하던 서해안 갯벌 마을에 대규모 간척사업이 벌어졌고, 이후 1,000여 개 공장이 들어섰다. 1986년 이 지역은 안산시로 승격되었다. 안산시 행정 구역의 명칭은 지역의 문화예술 자원을 반영했다. 조선최고의 화가 김홍도의 호인 '단원'을 가져와 단원구가 되었고, 심훈의 소설 『상록수常綠樹』에서 '상록'을 따서 상록구가 되었다.

농촌계몽운동으로 일생을 바친 독립운동가 최용신 선생 (1909~1935)은 아이들을 '조선의 빛', '조선의 싹'이라고 불렀다. 일제강점기에 샘골강습소를 열어 아이들에게 조선어를 가르쳤는데, 학원운영이 어려워지면서 다방면으로 노력하던 중 과로로 사망했다. 『상록수』의 주인공 '채영신'은 바로 그를 본뜬 것으로 농촌계몽운동의 귀감으로 여겨진다. 1988년 4호선 지하철역이 개통될 때 현 상록수역의 명칭을 두고 경합이 있었으나, 지역의 항일운동과 농촌계몽운동의 정신을 기려 역의 이름으로 채택했다고 한다. 현 상록수역에서 최용신기념관까지의 거리는 1km도 되지 않는다. 100년 전 최용신 선생이 아이들을 모아 한글을 가르쳤던 마을이 현재 상록수역과 그 인근이며, 아름다운가게 상록수점은 바로 그곳에 터를 잡게 된다.

상록수점의 2대 매니저였던 심재근 씨는 당시 아름다운가게 중 가장 큰 매장이었던 안양점(80여 평)에서 상록수점으로 발령 받아 첫 출근 했을 때의 느낌을 이렇게 기억했다.

"안산으로 발령받았을 때 '팽'당한 느낌이었어요. 제가 처음 가서 문화충격을 받았던 것은, 상록수역에 내리니까 사람들이 무단횡 단을 하는 거에요. 그게 의외였어요. 그런 풍경은 정말, 시골에 가 야만 볼 수 있잖아요. 할아버지 할머니들이 신호 무시하고. 그래 서 황당했어요."

상록수점 인근은 신도시였지만 시골스러운 느낌과 함께, 어 수선한 곳이었다. 아름다운가게 상록수점 옆 지금의 미장원 자 리에는 무료급식소가 있었고 그 앞으로는 인력사무소가 있었다. 어려운 사람들이 들락거리는 골목 한편에 있는 재활용가게가 수익을 내면서도 지역사회와의 유대관계를 통해 선한 영향력을 끼치게 하는 일은 큰 도전이었다.

심재근 매니저는 지역의 기관이나 단체와 함께 나눔행사를 진행하면서 지역 내 네트워크를 만들고 이를 통해 공익사업을 시행했다. 외부기관장이나 단체장들에게 아름다운가게의 순환 과 나눔의 가치를 설명했고, 행사 때는 외부기관 소속 직원, 회 원, 그리고 학생들에게 물건을 기부받아 판매했으며 수익금 일부를 아름다운가게와 나눔 파트너 기관이 함께 결정한 '좋은 일'에 사용했다. 지역 네트워크에 기반을 둔 이런 나눔행사를 통해 물건이 선순환되고 나눔의 가치도 퍼졌다.

심재근 매니저는 가게가 상록수역 앞 역세권임에도 유동인구가 많지 않아 지역주민의 구매력만으로는 가게 운영이 어렵다고 판단했다. 그렇다고 가게를 수시로 들르는 손님들에게 물건 구매를 강요하고 싶지도 않았다. 그래서 그는 안산뿐 아니라 안산을 벗어나 다른 지역에 가서까지 다양한 방식의 행사를 기획·진행했다. 한 달에 한두 번씩 진행된 외부행사는 가게 수익을 올리는 데 중요한 역할을 했고, 가게 홍보 뿐만 아니라, 자원봉사자를 모으는 계기도 되었다. 심재근 매니저는 지금도 상록수점을 유지하는 데 외부행사는 선택이 아니라 필수였다고 생각한다.

"그때 저는 한 달에 한 두 번은 행사를 했던 것 같아요. 경기도 이천 자동차 경기장까지 가서 했었어요. 행사 팀이 따로 있어서, 그분들 컨택해서 지역에 상관없이 진행한 적이 있어요. 어느 연예인 팬클럽(과도 했는데) 그분들은 정기모임을 그렇게 (우리와 함께) 하는 거죠. 제가 있었을 때 행사가 정말 많았죠. 그게 정말 매니저의 성향 따라서 차이가 많이 나요. 그것 때문에 기증품의 양과 매출에 영향을 받은 것 같아요. 행사가 줄어들면서 가게가 어려워진

점도 있지 않았을까요? 행사를 기획하고 진행하면 힘들지만, 새로 오는 분들이 있다는 것이 중요해요."

2005년 5월, 단원병원과 기부·나눔행사를 했던 날은 지역 신문과 방송에도 소개되었다. 병원 사람들은 그동안 기부를 받아 차곡차곡 모아둔 물건들을 팔아 그 수익금으로 안산의 어린이들에게 의미 있는 나눔행사를 하기도 했다. 심재근 매니저는 '자원의 순환과 나눔'이라는 어려운 개념이 나눔행사를 통해 체화되기에 교육적 효과도 있다고 말한다. "아, 그래서 안 쓰는 물건을 나누면서 그 수익금으로 어려운 사람들 돕는다는 거잖아. 한마디로 좋은 일 하는 거네"하면서 얼굴빛이 밝아지는 사람들을 여럿 만났기 때문이다. 동산고등학교 나눔행사에 참여했던 학부모들이 아름다운가게의 활동천사에 자원했고 학생들의 봉사도 이어졌다. 행사는 이렇게 파장을 일으킨다. 긍정적인 에너지는 사람 사이의 관계망을 타고 지역사회를 변화시킨다.

이렇게 아름다운가게 상록수점은 동네 사랑방이자 나눔가게로 자리 잡아갔다. 가게 2층 공간에는 아이들의 놀이와 학습을 위해 매트를 깔았다. 닥종이 인형과 뜨개질 작품, 자작 시, 사진 등을 모아 서울 대학로에서 작은 전시회도 열었고, 가게 뒤편 공터에서 자원봉사자들과 지역주민들이 함께 음악회도 개최했다.

새로운 시도와
수익률이라는 숫자

2011년 4월에 부임한 상록수점 3대 매니저 김동현 씨는 행사를 통한 나눔가치의 확산에 회의적이었다. 같은 기관과 몇 년 이상 행사를 진행하다 보면 참가자들이 가치에 대한 고민 없이 물건을 '또' 기증해야 한다는 부담감에 할당된 기증량만을 채운다고 한다. 이에 김동현 매니저는 계속 나눔행사를 진행하기 위해 새로운 협력기관을 찾는 대신 새로운 지역 네트워크를 시도했다. 제대로 공익을 추구하면 지역 사람들의 마음을 얻을 수 있고, 그렇게 되면 그 뜻에 함께하는 주민들이 주 고객이 되어 수익률도 오를 것으로 생각한 것이다.

먼저 나눔행사를 교육프로그램으로 전환했다. 병원과 나눔행사를 진행해보니 병원장은 좋아하지만 간호사들은 싫어했다. 총무팀·홍보팀의 강요로 부서마다 할당량을 채워야 했기 때문이다. 이렇게 '기부와 나눔'이 '의무와 부담'으로 변질되었고, 기증도 해마다 줄어들었다. 김동현 매니저는 기부물건을 받는 대신 공정무역과 나눔에 대해 교육했다. 이렇게 '찾아가는 교육 서비스'가 지역사회에 뿌리내릴 수 있는 방법이라고 판단했다. 또한 지역매장이 수익을 내고 본부가 그 수익금으로 공익사업을 하는 이원화된 구조에서 탈피해서 매장이 직접 공익사업을 하는 방안을 확대해갔다.

비슷한 시기에 아름다운가게 경기 남부의 한 지점의 매니저

이자 김동현 매니저와 친했던 박성윤씨(가명)는 김동현이 외부
행사를 하기 쉽지 않았을 거라고 회고한다. 박성윤은 상록수점
을 비롯한 아름다운가게의 당시 상황을 잘 알고 있었다. 2008
년 이전에는 아름다운가게에 대한 좋은 이미지가 강해 많은 곳
에서 기부행사를 진행하려 했다. 하지만 박원순 초대 상임이사
의 정치입문 이후 아름다운가게의 입지는 좁아졌고, 공공기관
을 비롯한 외부기관과의 협력이 쉽지 않았다. 이는 공간기부 철
회로 현실화되었고, 경기침체와 맞물려 아름다운가게는 위기를
맞이한다. 매장 수는 전국 각지에 들불처럼 번져 100여 개로 확
대되었지만 곧 때 이른 겨울을 맞이해야 했던 것이다. 공간을 기
부했던 대기업과 관공서는 유상임대로 전환하거나 매장 철수를
결정했다. 전국적으로 몸집이 커지다 보니 물류비용이 증가하는

가운데 한진기업이 운송 지원을 중단함으로써 경영상 어려움을 겪게 된다.

본부 차원에서의 이러한 혼란이 상록수점까지는 도달하지 않았을 2011년 4월, 김동현 매니저의 새로운 시도는 주민들의 호응을 이끌어냈다. 그 해 상록수점은 도서판매로만 300만 원의 월매출을 기록했다. "호황기여서, 팀 내부에서는 어마하게 유기적으로 움직였던 때여서, 으쌰으쌰 어깨동무하던 시절이었어요. 팀워크도 좋았고." 다른 데서 스트레스를 받아도 출근해서 이야기하다보면 다 풀렸다는 김동현 매니저는, 몸은 힘들었지만 마음은 상쾌했다고 회상한다. 이러한 호황은 그에게 새로운 시도를 할 여유를 주었다. 그러나 새로운 방식의 홍보마케팅으로 인해 그가 가게를 비우는 시간이 늘어났다. 자원봉사자들이 물건을 정리·판매할 수는 있지만 반품처리는 하기 어렵다. 팔리지 않는 물건을 재빠르게 반품해야 물건이 순환되고 수익이 오르는데, 매니저가 감당해야 할 그 부분이 원활히 되지 않았다.

아름다운가게의 나눔 방식에 대해 근본적인 질문을 던졌던 김동현 매니저는 판매활동에 대해서도 의문을 제기했다. 꼭 필요한 물건이 아니라면 굳이 구입을 권하지 않도록 한 것이다. '물건을 구매하는 곳'이 아닌, '사람들이 머무는 곳'으로 상록수점의 색채를 바꾸려했다. "충동구매 하지 마세요." "꼭 필요한 것 아니면 사지 마세요." 소비가 미덕인 현실 속에 아름다운가게의 이런 방침은 사람들의 마음을 움직였다. 상록수점 단골들은 말한다. "난 물건 반품은 안 해봤어요. 그냥 그러면 안 될 것 같아서요." 그러나 2011년에 정점에 다다른 수익률은 2013년부터 하향곡선을 그리기 시작했다. 아름다운가게 본부의 위기와 함께 김동현 매니저의 실험은 결국 상록수점의 명운을 결정하는 계기가 된다. 선한 의도가 꼭 좋은 결과로 이어지는 것은 아니다. 다양한 시도와 실험은 그렇게 매정한 숫자로 돌아왔다.

세월호와
상록수점

5

2014년 4월 16일 인천항을 떠난 세월호 탑승자 476명 중에는 제주도로 수학여행을 떠난 안산시 단원고 학생 325명도 있었다. 그리고 230명은 돌아오지 못 했다. 안산의 시민단체와 뜻을 같이 하는 주민들은 희생된 이들을 추모하는 동시에, 효율·이윤 중심의 불안전한 사회구조와 무책임한 국가권력을 비판했다. 한편, 세월호 추모공간을 둘러싼 이해 당사자 간의 대립은 기억과 추모, 개발과 이익에 대한 논쟁뿐 아니라 서로에 대한 깊은 불신과 증오도 남겼다. 그러나 다른 측면에서 보면 세월호 사고는 안산의 다양한 시민단체들을 하나로 엮는 중요한 계기가 되기도 했다. 파편화되어 각자도생하던 안산사람들은 이 참사로 인해 연대의 중요성과 필요성을 깨닫는 동시에 자신들이 속한 공동체를 되돌아보기 시작했다. 안산 시민들은 촛불 아래 하나가 되어 팽목항으로 가족들을 실어 날랐고, 진도체육관에서 사람들의 손발이 되었으며, 생존자와 유가족을 위로했다.

　김동현 매니저는 세월호 지원 활동이 당연히 아름다운가게가 나서야 할 일이라고 생각했고, 적극적으로 참여했다. 상록수점 자원봉사자들은 "내가 못 가는데 누구라도 가야지"라며 매니저의 현장활동을 응원했고, 각자 가게를 맡아 보는 시간을 늘려 매니저의 빈자리를 메꾸었다. 하지만 자원봉사자들 모두가 그랬던 것은 아니었다. 더러는 "상황이 충분히 이해가 되지만, 그렇게까지 매니저가 많은 시간을 세월호 유가족 지원에 써야 하는지"에 의문을 품었다. 이들은 운영이 어려워져가는 가게를 걱정했다. 매니저 대신 메꿔야 하는 업무량에 버거워하는 이들도 있었다.

2013년부터 떨어진 수익률은 2015년이 되면서 위험수위에 이르렀다. 본부에서는 매니저가 가게 운영에 집중해줄 것을 권고했다. 아름다운가게의 매장 매니저 업무분장job description을 보면, 매니저가 해야 하는 업무는 100가지가 넘는다. 매니저는 가게의 운영, 지역 커뮤니티 활동, 나눔과 배분 사업, 자원봉사자 관리, 각종 행정업무까지 다양한 역할을 해야 한다. 김동현 매니저도 다양한 업무들을 지나치거나 모자람 없이 수행해야 한다는 것을 알고 있었다. 그러나 그는 2014~2015년을 비상시기로 판단해 자의적 결정을 내린 것이다.

안산의 지역활동가들도 세월호 참사 직후였던 당시를 비상시기로 생각했다. 이는 '치유공간 이웃' 대표 이영하가 상록수점의 폐점을 반대하며 쓴 탄원서에도 잘 나타나 있다. (전문은 부록 참조)


당시 안산은 거대한 상갓집 같았습니다. 온 동네가 조용한 가운데 뒤숭숭한, 그 이상했던 도시의 느낌을 지금도 잊을 수 없습니다. 하지만 바로 당일부터 무사귀환을 염원하는 촛불기도회가 열렸고, 뒤이어 바로 매일매일 촛불집회가 열렸습니다. 안산에 남아있는 가족을 돌보기 위한 물건 조달, 안산으로 밀려드는 자원봉사자 관리, 진도에 보낼 물건 관리 등 여러 할 일들이 쏟아졌습니다. 좌우를 막론하고 시민단체에 망라된 활동가와 회원들이 대거 나서서 이러한 일들을 진행해나갔습니다. 본래 자신의 전문영역이 무엇인지를 따질 시간도, 경황도 없었기 때문에 누구든 할 수 있는 일을 찾아 해나갔습니다.

하지만 본부의 방침은 달랐다. 김동현 매니저의 행동을 묵인할 수 없었다. 정치적으로 첨예한 대립을 불러일으킨 세월호 사태는 사회적기업인 아름다운가게에도 민감한 사안이었다. 결국 김동현 매니저는 2016년, 1년간(2016.2 ~ 2017.1) 육아휴직원을 냈다. 아름다운가게 상록수점 매니저가 아닌 개인으로 세월호 유가족들을 돕기로 한 것이다. 그러나 유가족들은 그를 '매니저님'이라고 불렀다. 여전히 그의 이름 앞에는 '아름다운가게 상록수점'이 놓여있었다.

가게 회생
프로젝트

6

2015년 본부에서는 상록수점을 살리기 위해 '회생프로그램'을 시행하기로 결정한다. 그리고 육아휴직 중인 김동현 매니저 대신 새로운 매니저를 보냈다. 사실 상록수점뿐만 아니라 전국의 아름다운가게들이 어려움을 겪고 있었다. 2007년 아름다운가게는 제일모직의 컨설팅을 받아 매장 디스플레이 방식을 전면 전환했었는데, 새로운 매니저는 이를 충실히 따랐다. 최대한 깔끔하게 보이기 위해 물건 수를 줄이고 색상·모양별로 진열했다. 유모차(유아차), 보행기, 빨래건조대 등 돈은 안 되고 공간만 넓게 차지했던 대형잡화는 판매대에서 내려졌다.

'하달된 지침'과 운영방식은 각 매장의 고유한 색깔과 충돌했다. 상록수점에서도 마찬가지였다. "그래서 이게 환불이 안 된다는 거에요?" "아니, 테스트할 때 잘 되던 물건이었는데, 이제 와서 환불해달라시면…." "됐어요. 그럼. 이거 기증할게요." 손님과의 갈등도 비일비재했다.

2층 놀이방도 폐쇄했다. 2층에서 아기들 기저귀를 갈았던 엄마는 출입금지 안내문을 보고 한숨을 쉬었다. 교환과 환불도 '원칙대로' 지켜졌다. "영수증 안 가져왔는데, 이거 교환 안 될까요?" "원칙상 영수증이 있어야 교환이 가능해요." "아니, 그래도. 그때 영수증 안 받아 간 것 같은데… 여기 택 있잖아요. 여기 물건 맞는데 영수증 없다고 안 바꿔주면 어떡해요." 무척 속이

상했던 손님은 실랑이 끝에 나가버렸다.

새로 상록수점에 온 매니저는 답답했다. 본부에서 교육받은 규정과 원칙대로 운영하는 것뿐인데, 왜 손님들은 이렇게 서운해 하고 분노하는 걸까? 심지어 어떤 손님은 매니저를 보고 '재수 없다'며 고개를 홱 돌리고 나가버렸다. 상록수점의 네 번째 매니저인 그는 아름다운가게에서도 가장 어렵다는 뚝섬 나눔장터에서 3년을 버텼다. 나눔장터 일에 지쳐 사직을 생각하다가 그래도 그만두기 전에 다른 일을 해보고 싶어 온 곳이 상록수점이다.

10년에 걸쳐 형성된 역사성과 지역성을 짧은 기간에 간파하기란 쉽지 않다. 원칙을 가장 중요하게 여기는 곳에서 3년 넘게 훈련받은 매니저의 눈에 상록수점의 운영방식은 매우 당황스러웠을 것이다. 자원봉사자들은 서운해 하고, 손님들은 분노하고, 매니저는 고달픈. 이 팽팽한 긴장감 속에 급기야 큰소리가 나기 시작했다. 박성윤 매니저는 이렇게 얘기한다.

"아름다운가게는 무한 좋을 거 같은데, 아름다운가게에도 원칙이 있어요. 지켜야 하는 룰이 있고. 규칙을 지켜서 받는 컴플레인과 규칙을 안 지키고 배려해줘서 받는 컴플레인은 차원이 다르겠죠. 아름다운가게에서 오는 컴플레인이 강력하게 확 감정적으로 오기도 합니다. 설명할 기회도 안주고. 나눔장터는 (불특정다수를 대상으로 하는 열린 공간의 매장) 원칙을 가장 중요하게 생각하는 곳인데 거기에 있다 (지역의) 매장에 가서 원칙적으로 했을 때 반작용이 컸을 것 같아요."

서로 주고받은 상처의 골은 깊어져만 갔다. 오랜 시간 함께 한 자원봉사자는 건강상의 이유로 그만두었고, 손님들은 떠나갔다. 가게는 깔끔해졌고, 오래 머무는 손님의 수는 줄어들었다. 꼭 필요한 물건만 사서 바로바로 나가니 본부에서 말하는 '회전율'이 높아진 셈이다. 그러나 상록수점의 수익은 쉽게 오르지 않았다. 결국 회생프로젝트를 위해 왔던 매니저도 아름다운가게를 퇴사했다.

가게의
지속
가능성

7

사회적기업이 공익사업을 수행하려면 자본이 있어야 하고, 자본은 기업의 수익률에 의해 결정된다. 그러나 사회적기업들은 기업의 이미지가 중요하기 때문에 '수익률'이라는 단어가 직접적으로 언급되는 것을 불편해 한다. 아름다운가게 본부 측은 폐점의 원인이 꼭 수익률 때문만은 아니라고 강조했다.

"(아름다운가게는) 기본적으로 순환영역이 일어나야 나눔영역까지 갈 수 있는 모델이거든요. 그런데 순환영역이 매년 점점 사그라지는데 자원봉사 숫자도 줄고, 물동량도 줄고, 매출도 줄고, 기어이 수익률도 마이너스로 전환되고…."

상록수점의 폐점은 아름다운가게 본부에도 팔을 하나 잘라내는 것과 같은 큰 아픔이었다고 한다. 아름다운가게 5호점이자 서울 밖 1호점이라는 역사성을 지니고 있는 상록수점의 폐점을 막기 위해 회생프로젝트도 진행했지만 별 효과를 보지 못했다. 본부는 '수익률만을 생각하면 한두 해 수익이 줄었을 때 바로 폐점을 했을 것'이라며, 상록수점을 살리기 위해 최대한 애썼다고 강조한다. "서운하지만 반드시 필요했고 아프고 슬퍼도 할 수밖에" 없는 결정이었다며, 상록수점의 폐점을 동맥경화 치료에 비교했다. 경영난이 심각한 가게를 하나 살리려다 "나머지 111개

5. 아름다운가게,
2017. 『아름다운
지속가능보고서』,
p. 12.

매장이 존재하지 못할 수도 있는 사안이기에"
내린 결정이라는 것이다.

아름다운가게가 추구하는 가치를 지속적으
로 실현하기 위해서는 아름다운가게 자체가 사
라지지 않고 유지되는 것이 필수적 요건이다. 이에 본부는 수익
구조 개선을 통해 지속가능성을 담보하는 것을 아름다운가게의
경영전략으로 삼았다.[5] 수익구조 개선에는 수익률이 낮은 가게
의 폐점을 통해 아름다운가게 전체의 수익률을 높이는 방안도
포함된다. 상록수점이 문을 닫지 않고 유지되는 것, 그리고 이
를 통해 상록수점이 추구한 가치가 지속되는 것을 상록수점의
단골손님들과 자원봉사자들은 바랐지만, 본부는 아름다운가
게 전체의 지속가능성을 더 고민했다. 상록수점의 폐점은 이런
가치 간 대립의 결과였다.

상록수점이 사라진다는 것은 매일 그곳을 들락거리던 사람
들의 갈 곳이 사라지는 것이다. 지역 '문화와 공육의 사랑방'이
없어지는 것이다. 폐점을 지역 커뮤니티 센터 공간의 상실과 관
계 및 역할의 단절로 이해하는 상록수점의 사람들에게, 본부는
가게의 확장이전과 가치확산을 이야기 했다.

"상록수 점 폐점은 매출만의 문제가 아니라 앞으로의 가능성도 담

고 있어요. … 상록수 역 앞 상권이 변화하고 있다는 분석이에요. … 저희는 저 공간(상록수점)에서 이제 저희 역할이 끝났다고 보는 거지요. 그리고 중앙역 쪽으로 가든 더 좋은 데로 가서 더 많은 기증자, 더 많은 자원봉사자, 더 많은 구매 고객들, 그리고 매출도 더 좋아져서 나눔활동도 더 많이 하는 것을 당연히 해야 할 직무이고 책무라고 생각해요. 어떻게 보면 (폐점이) 더 잘하기 위한 결정이라고 할 수 있죠."

안산의 상권이 이동하는 가운데 "안산에서 새로운 그림을 그린다"는 것이다. 가게를 확장 이전해서 더 많은 이들이 자원순환 경제에 참여하고, 그로 인해 증가한 수익으로 더 많은 나눔사업을 진행하는 것이 아름다운가게 전체와 사회를 위해 중요하다는 논리이다. 하지만 김동현 매니저는 이에 반대되는 의견을 냈다.

"안산 상록수점은 항상 초과수요 상태였어요. 좋은 물건을 저렴한 가격에 사고 싶어 하는 손님은 늘 많았거든요. 물건들이 많이 들어와야 물건을 보러 오는 사람도 느는데, 물건 공급량이 줄다 보니 손님도 점차 줄 수밖에 없었어요. 전년도 매출실적에 따라 본부에서는 매장별 공급량을 결정하니, 분당 이매점 같이 매출실적이 좋은 매장은 공급량이 늘고, 그러니 매출실적은 더 올라갈 수밖에 없는 거 아니겠어요? 상록수점을 회생시키고자 했다면 좋은 물건을 많이 공급해 주는 것이 가장 쉽고 확실한 방법이었다고 생각해요. 본부 측은 이윤을 늘리고자 수익률이 좋은 대형매장을 늘리는 쪽으로 폐점과 이전을 결정하고 있어요."

사회적기업이 경제적으로 자립을 하고 수익을 내야 공익적 목적도 제대로 달성할 수 있다는 논리는 수단과 목적을 도치시키는 결과를 초래할 수 있다.[6] 사회적기업이 '인간의 얼굴을 한 자본주의'를 지향하지만, 실제는 '인간의 탈을 쓴 자본주의'라고 신랄하게 비판하는 학자도 있다.[7]

그러나 '사회적기업'으로서 아름다운가게가 '사회적' 가치 추구보다 '기업'이라는 실체를 강조하며 공격적으로 폐점 및 이전을 강행해 온 데는 가게 자체의 생존이 화두가 될 만큼 시장환경이 악화되었다는 점을 간과해서는 안 된다. 아름다운가게는 2002년 안국점을 시작으로 2017년 11월 기준으로 전국에 112개의 매장을 갖추고, 지난 15년 동안 매출액과 기증품 수가 약 190배 이상 증가했으며, 근로자 수 약 430여 명, 월 평균 자원봉사자 5,000여 명인 한국의 대표적인 사회적기업이다.[8]

6. 김주환, 2017, 「포획된 저항」, 이매진, p. 106.
7. 김주환, 앞의 책.
8. 백안나 외, 「사회적 혁신의 확산에 관한 연구: 아름다운가게를 중심으로」, 『사회적기업연구』, 8(2), p. 103.

하지만 아름다운가게도 이제 '양'이 아닌 '질'을 생각해야 한다. 나눔가게라는 개념 자체가 생소했던 시절, 아름다운가게는 한국사회에서 비교대상이 전무한 사업모델로 출발했다. 그러나 현재는 수많은 온·오프라인 중고매장이 있다. 특히 시민들이 직접 온라인에서 쓰던 물건을 교환·판매하는 경우가 많아졌다. 그에 따라 아름다운가게에 기증되는 물건의 실질적인 판매가치는 감소했다. 기부하는 이들에게 소득공제용 기부증명서를 제공하기 때문에 기부는 꾸준히 이루어지고 있지만, 실제로 판매 가능한 물건은 현저히 줄었다. 게다가 앞서 밝힌 바와 같이 기부로 운영되던 물류서비스와 공간사용이 유상으로 전환된 것이 운영에 큰 타격을 주었다. 다음은 본부 직원의 말이다.

"당시에 아름다운가게는 쫓겨나면 쫓겨났지 우리 스스로 폐점을 결정하는 시기는 아니에요. 그 당시 2000년대 초. 창립한지 얼마 되지 않았기 때문에…. 그런데 정권 바뀌고 나서 아름다운가게가 정말 힘들어졌어요. 관공서에 있던 매장들은 다 퇴출당하고. 공문 한 장으로 저희 다 퇴출시키고. 그 다음에 행사파트너도 다 떨어져 나가고. 기업들이 인제 눈치 보기 시작하면서 저희 경영이 정말 힘들어졌어요. 그 때 수익률이 곤두박질치기 시작했어요. 그래도 저희는 물건후원이 끊기고 무상공간 매장에서 쫓겨나도 시

민들과 함께 꿋꿋하게 할 수 있다고 믿고 견뎠어요. 그 힘든 시절
이 10년 있었어요. 잘 버텨내면서 전체적 판단에서 지속하기 힘
든 매장은 이전하는 것을 시행하기 시작했어요."

2015년도에 117개였던 매장은 2017년 11월 기준 111개로 그
수가 오히려 줄었다. 사정을 살펴보면, 33개가 폐점했고 몇 개가
새로 늘었다. 근처의 공간을 임대해 재개장한 경우 '이전'으로 본
다. 상록수점의 중앙역 근처 이전 논의처럼, 지하철로 몇 정거장
가야 하는 지점에 재개장해 장소도 주 고객도 변화하는 상황을
본부 측은 이전이라고 한다. 하지만 상록수점 손님들은 상록수
점 '폐점'과 중앙역점 '신설'로 인식했다.

상록수점을 포함해 초기에 공간기부로 시작한 매장들 다수
가 문을 닫았다. 아름다운가게 전체의 생존을 고민하는 과정에
서 수익률이 낮은 매장을 정리하는 작업이 본격화된 데에는 이
사진의 변화도 한몫했다. 아름다운가게 초창기 멤버들은 경영
과 관련이 없는 시민활동가가 대부분이었다. 조직이 커져 매장
이 100개 이상으로 확장되면서 4대 상임이사부터는 외부공채
로 대기업 CEO 출신의 전문경영인을 선임했다. 이 때문에 아름
다운가게는 더욱 기업으로서의 면모를 띠게 되었다.

아름다운가게의 '기업화'는 사회적기업으로서 지속적인 가치

추구를 위해서이기도 하지만, 무엇보다 아름다운가게(본부 사무국)에 몸담고 있는 인력의 유지를 위해서도 필요했다. "맞벌이를 하지 않으면 못 살 정도의 적은 급여를 받고 일하고 있는 아름다운가게의 몇 백 명의 직원"의 생계가 달렸다. 아름다운가게에는 취약계층의 일자리 제공 취지로 들어온 이가 많고, 홈리스 및 장애인들도 정규직으로 일하고 있다. 경영진은 지점의 존폐여부를 조직 전체의 운영 및 직원에 대한 고민과 떼어내어 생각할 수 없었다.

자원봉사자들의
분노

8

본부가 상록수점 폐점을 결정하자 주인의식을 가지고 봉사하며 뿌듯함을 느꼈던 자원봉사자들은 분노했다. 상근활동가인 매니저만이 월급을 받고 활동하는 유일한 직원임에도 가게가 운영될 수 있었던 것은, 아름다운가게의 의지에 동감한 자원봉사자들의 헌신 덕분이었다. '자원봉사자'를 뜻하는 'volunteer'란 말의 어원은 희랍어로 '이웃사랑을 실천하기 위해 신으로부터 부름 받은 사람'이라는 뜻이다. 어원의 뜻만 보면 성직자와 다름없다. 2005년 8월에 제정된 「자원봉사활동 기본법」에 따르면 '자원봉사활동'은 '지역사회의 발전과 타인을 돕는 이타적 행동이며, 무대가성의 자발적 활동'이다. 그렇기 때문에 이 활동이 지속되기 위해서는 사회적인 인정이 중요하다. 그래서 작은 감사장이나 편지, 혹은 상패 등으로 그들의 헌신에 경의를 표하는 것이다.

상록수점 폐점 결정이 일방적으로 통보되자, 아름다운가게가 지향하는 바가 이윤추구가 아니라 더 많은 선의를 모으는 것[9]이라고 믿었던 이들은 당황했다. 급기야 가게가 추구했던 '선의'가 무엇이었나를 의심했다. 가게 개점부터 폐점까지 14년 동안 상록수점과 함께했던 이순희 씨는 공익을 먼저 생각하는 줄 알고 아름다운가게에 열정을 다해 무임금으로 봉사했는데,

가게는 "이익만 따진다. 그러면, 구태여 '아름다운' 가게라고 부를 이유가 없는 거죠."라며 서운함을 애써 감추지 않았다. 가게의 이윤을 높이기 위해서, 가게 운영의 상당 부분을 무임금 노동자인 자원봉사자들에게 맡기는 거라며 '착취' 당했다고 표현하는 이도 있고, 몇 년간의 봉사 경험 자체를 부정하는 이도 있었다. 자원봉사자 임숙회 씨는 다음과 같은 말로 서운함을 표현했다.

"저 같은 경우는 그랬어요. 아니 그러면 우리는 필요할 때. 우리는 돈을 받지 않는 사람들, 쉽게 말하면 무료니까, 할 때는 와서 '해 주세요, 해주세요' 해놓고. 여기서 이제 필요 없으니까 버리는 게 아니냐. 결국에 우리는 매니저님들 먹여 살렸잖아요. … 각 매장의 매니저님들만 받으시니까. 페이(월급)를. 그러면 우리는 다음에 필요하면 또 부르고, 필요 없으면 또 버릴 거냐. 나는 아름다운 가게는 다시는 안 온다. … (본부에서 온 직원이) '다른 매장으로 가시라' 이러더라고요. … 나는 안 간다. 이런 아름다운가게라면 더 이상 갈 필요가 없다. 다른 사람이 물었을 때 나는 똑같이 이렇게 대답해 주고 싶다. 나는 아름다운 일을 이렇게 했는데, 결국 아름다운가게가 이런 곳이더라. 저한테는 지금 좋은 이미지가 아니기 때문에."

그들이 아름다운가게에 대해 서운했던 가장 큰 이유가 본부에서 자원봉사자들을 상록수점을 함께 일구어가는 '주체'로 보지 않았다는 점이다. 아름다운가게 정관은 자원봉사자에 대해 "함께 참여하고 일하는 모든 사람들이 대등하고 존엄한 인격체로서 서로 존중하며 원활한 의사소통과 자율적 의사결정을 통해 우정과 인간성이 살아 숨 쉬는 평화롭고 민주적인 공동체를 일구어 내고자 합니다"라고 서술했다.[10] 하지만, 자원봉사자들은 폐점 논의에서 제외되었고, 사후에야 통보를 받았다. 상록수점이 회생프로젝트에 들어갔다는 것도 알지 못했고, 폐점을 막을 다양한 노력을 해볼 시간과 기회조차 가지지 못했다.

10
아름다운가게
홈페이지,
2010년 1월 4일
인용,
http://www.
beautifulstore.
org

상록수점의 폐점
반대운동

9

김동현 매니저는 가게의 수익률이 떨어진 가장 큰 원인으로 본인이 지역활동에 전념하느라 가게 운영에 집중하지 않은 탓이라고 자책한다. 마을 일에 발 벗고 나서는 대신 가게 운영에 좀 더 신경 썼으면 상황이 달라졌을까 하고 묻는다. 아름다운가게는 안산에서 좋은 일을 하는 가게로 알려졌다. 그래서 단골손님들과 자원봉사자들은 상록수점이 사라지는 것도 아쉽고, 폐점의 이유가 수익률 저하라는 점도 서운하다.

폐점 소식이 전해지자, '폐점'을 결정된 사항으로 받아들이기보다 폐점 반대운동을 벌여 가게를 지켜야 하는 거 아니냐는 목소리가 나오기 시작했다. 상록수점의 김동현 매니저 뿐 아니라 폐점 기록에 참여했던 연구자인 우리들도 입장을 고민하게 되었고, 결국 '폐점 반대운동'이라는 소용돌이 속으로 같이 빨려 들어갔다. 김동현 매니저는 본부 방침대로 폐점의 수순을 밟아 매장을 순탄하게 정리하고 자원봉사자들을 인근 매장으로 재배치해야 했다. 그러나 폐점을 막을 방법에 대해 조언을 구하는 자원봉사자들과 단골손님들의 의견을 모른 척 할 수 없었다. 몇 달에 걸쳐 가게를 들락거리며 참여관찰을 했던 연구자들은, 연구자로서의 거리를 유지하며 기록에만 최선을 다하겠다는 입장을 곧 포기했다. 연구 자체가 사회참여의 일환으로 시작된 만큼, 그간 기록한 상록수점의 중요성에 대해 적극적으로 본부에 알려 폐점을 막을 수 있을지를 논의했다. 연구자 중 한 명은 상록수점 인근 주민이었는데, 폐점 반대 서명지를 작성해 마을별로 나누어 주고, 본인도 직접 서명을 받으러 다녔다.

서명운동 과정에서 상록수점의 폐점 결정 소식이 지역사회에 알려지기 시작하자, 폐점 반대 성명서를 작성해 매니저에게 전달하는 이들이 있었다. '4·16 공방'의 유가족들은 "힘들 때 제일 먼저 와서 발 벗고 도와줬는데, 이제 우리가 돕겠다"며 폐점 반대운동에 나섰다. "그놈의 돈돈돈 때문에 우리 애들 다 잃어놓고, 거기도 돈 때문에 문 닫는다는 거냐?"며 성명서를 들고 김동현 매니저를 찾아왔다.

> 우리 세월호 엄마들은 아름다운가게가 이름처럼 아름다운 세상을 만드는 일에 대한민국의 독보적인 곳이라 믿어 의심치 않습니다. 이윤과 효율만 따지다가 304명을 수장시킨 대한민국의 민낯을 본 전 국민과 세월호 부모들에게 아름다운가게는 이윤과 효율만 좇는 것이 아닌 진정한 아픔과 고통이 있는 곳을 지키는 곳이라 굳게 믿습니다. (전문은 부록 참조)

이 성명서는 지역사회에서 아름다운가게가 어떠한 역할을 했는지 드러냈고 가게의 가치를 다시 인지시켰다. 그러나 서명지와 탄원서는 본부에 전달되지 못 했다. 세월호 참사가 벌어진 그해 9월 초에 문을 연 '치유공간 이웃'의 대표 이영하는, 매니저와 활동가들이 아름다운가게의 경험과 노하우를 발휘해 유가족들을 어떻게 지원했는지 성명서에 기술했다.

평범한 생활인으로 살아가던 사람들이 어느 날 갑자기 아이를 잃고 유가족이 된 처지라 세월호가족협의회는 사업적 능력이 부족하거나, 실무력이 현저히 부족했습니다. 세월호가족협의회는 진상규명을 위해 길바닥을 쏘다니던 시기를 지나 장기적으로 안산 시민과 더불어 살아나가기 위한 노력으로 바자회를 진행하고자 했습니다. 이때 물건의 생산·홍보·판매를 위한 배치, 캠페인 등 그 모든 것을 김동현 매니저와 세월호가족협의회가 의논하며 행사를 만들어갔습니다. 이 과정은 지역의 여러 인적 자원과 물적 자원이 예술적으로 모아지고 어우러지는 작업이기도 했습니다. 여러 마을공동체, 저희와 같은 치유기관, 복지단체, 시민단체가 물건과 기금, 재능기부, 마음까지 다양하게 내어놓는 과정이었기 때문입니다. 이러한 활동을 뒷받침하기 위해 '아름다운가게' 상록수점의 자원봉사자들이 서로 협력하며 든든히 뒷배의 역할을 해왔다는 것도 익히 들어 잘 알고 있습니다.

이영하 대표는 안산에서 상록수점이 담당했던 세월호 지원 활동이 아름다운가게가 추구하는 '순환의 가치'를 확대시켰다고 강조했다. 본부는 세월호 지원 활동을 가게 차원에서 후원하지 않고 매니저 개인의 활동으로 제한시키며, 가게의 원래 목적인 '자원의 순환'에만 초점을 맞추겠다는 입장이었다. 그러나 상록수점을 지켜본 이웃들은 아름다운가게가 추구하는 '자원의 순환'을 다른 식으로 이해하면서 그 개념을 확장시켰다.

이것은 예전에 '아름다운가게'에 대해 제가 알고 있던 자원의 순환이라는 개념이 거대하게 넓어지는 놀라운 경험이기도 했습니다. '물건'으로 한정된 자원의 순환이 아니라, 안산이라는 도시의 인적·물적 자원의 순환을 '아름다운가게' 상록수점의 김동현 매니저가 진두지휘했습니다. 저는 당시 이것이 '아름다운가게'의 지향이고 비전에 의한 활동이라고 생각했습니다. 물건에 한정된 자원의 순환은 사실 안산 지역에 즐비한 수많은 재활용매장, 알뜰매장의 기능과 다르지 않기 때문입니다. 기부·재활용을 엮어 시민의 선한 의지와 환경개선, 기금을 통한 여러 구호사업을 엮어낸 '아름다운가게'의 당시 혁신적인 설립 안은 달라진 환경에 맞게 변화하고 발전되어야 합니다. 물건만의 순환이 아니라, 인적 자원의 순환과 공동체의 복원까지 바라보는 비전이 필요하다고 생각합니다. 세월호를 통해 '아름다운가게' 상록수점은 자원의 순환이라는 새로운 모습을 보여주었습니다. 불행하고 슬픈 참사를 통해 만들어져 역설적이지만, 재난의 현장은 언제나 새로운 공동체의 지향을 보여준다는 진리를 다시 한 번 확인한 셈입니다. (전문은 부록 참조)

폐점 결정을 한 본부 측의 부당성을 언론에 알리고 여론을 형성해 상록수점을 지켜내자는 입장도 있었다. 하지만 자원봉사자들과 연구자들 모두 동의하지 않았다. 자원봉사자들은 서운하고 안타깝긴 하지만 언론을 통해 아름다운가게를 공격하면 그곳에서 보람을 느끼며 무임금으로 봉사한 본인들의 지난 시간이 허망해질 것 같다며 주저했다. 무엇보다 아름다운가게의 가치와 방향에 대한 기대가 남아 있었다. 연구자들도 아름다운가게가 처한 현실적 어려움과 아름다운가게를 비롯한 사회적기업이 가지는 내재적 한계를 알기에 조심스러웠다. 아름다운가게가 일군 사회적기업으로서 선구자적 역할까지 모두 공격당할 수 있는 상황을 만드는 것에도 부담을 느꼈다. 지역사회에서는 반대운동이 확산되고 있었지만, 언론을 이용하는 대신 조용히 본부와 폐점문제를 논의하는 방향으로 가닥을 잡았다.

2017년 7월 6일, 본부 이사가 상록수점을 방문한다는 소식에 상록수점 매니저는 자원봉사자인 이순희 씨에게 연락을 했다. 그는 며칠 전 폐점을 막는 데 쓰였으면 좋겠다며 자필 편지를 가져왔다. 본인이 직접 편지를 본부 쪽 인사에게 전달하는 것이 더 설득력이 있을 것으로 판단해 전화연락을 한 것이다. 일흔을 넘긴 이순희 씨는 푹푹 찌는 한여름 무더위 속을 뚫고 급히 달려왔다. 편지에는 아름다운가게가 지역사회에서 한국인뿐 아니라 외국인에게도 얼마나 중요한 공간이었는지 적혀 있었다. 편지에는 또한 본부에 대한 서운한 마음도 가감 없이 드러나 있었다.

(중략) 좋은 일이든 안 좋은 일이든 아름다운가게는 상록수의 희망공간이었습니다. 이윤보다는 더 보듬어주는 사회가 되어야 하고 아름다운가게의 취지에 맞게 더 책임이 있어야 할 거 같습니다. 부득이 폐점이 결정되었다면 한 분이라도 오셔서 이곳의 상황과 의견을 들어주셨으면 좋았을 것입니다. 우리가 타지에 가서도 안산에 산다고 하면 손을 잡고 얼마나 마음이 아팠느냐고, 가깝게 사시니 우리가 못하는 일을 잘 부탁한다고 따뜻하게 안아주십니다. 본부에서는 그런 위로나 부탁을 들은 적이 없습니다. 서운하고 마음이 아팠습니다. 크나큰 세월호의 아픔도 견뎌냈듯이 상록수점 폐점의 서운함도 차츰 잊혀지겠지만 더 오래 아름답고 싶습니다. (전문은 부록 참조)

이순희 씨의 편지와 더불어 4·16 가족협의회 대표와 치유공간 이웃의 대표가 쓴 상록수점 폐점 반대 탄원서를 읽은 상임이사는 본부에 가서 다시 폐점에 관해 논의하겠다고 약속했다. 그 소식을 들은 자원봉사자들과 연구자들은 폐점 결정이 번복될 수도 있다는 기대에 흥분했다. 연구책임자는 그간의 기록을 바탕으로 아름다운가게 상록수점의 사회적 가치에 대해 보고서를 써서 본부 측에 전달하자고 제안했다. 주민들의 의견이 본부에 알려지면 상록수점의 폐점 결정을 번복할 수 있을 것으로 기대했다. 그러나 그 기대는 생각지도 못 한 사건 때문에 꺾이고 만다.

가게 매니저:
우리는 활동가입니까
노동자입니까

10

본부의 폐점 결정을 번복하기 위해 연구진이 보고서 작성 작업을 추진 중일 때, 연구책임자가 김동현 매니저로부터 전화를 받았다. 김동현 매니저는 가게가 폐점되지 않는다고 하더라도 더 이상 매니저로 일하지는 못 할 것 같다고 이야기 했다. 그리고 본인이 세월호 지원에 따른 외상 후 스트레스로 너무 지쳐있음을 고백했다. 그는 아름다운가게 본부의 입장과 구조, 그리고 철학이 바뀌었으므로 상록수점이 계속 유지된다고 해도 추구했던 가치를 지속적으로 지켜나가는 것이 현실적으로 어렵다고 생각했다. 외부 상황이 바뀌지 않은 상태에서 계속 달려 나갈 자신이 없었던 것이다.

그는 상록수점만은 아름다운가게의 실험실로 남아있기를 바랐다. 하지만, 폐점 결정이 번복된다고 해도 실험을 계속할 상황이 주어지지 않을 것임을 직감했다. 이에 대해 박성윤 매니저는 다음과 같이 일갈했다. "실험요? 하지 말았어야죠. 계속 남아 있으려면." 말은 짧았지만 진정성을 가지고 좌충우돌하는 동료에 대한 안타까움과 동시에 냉정한 현실인식의 그늘이 길게 드리워져 있었다.

박성윤 매니저에 따르면 김동현 매니저는 활동가였다. 초창기 아름다운가게 직원들은 대부분 사회참여와 활동을 목적으로 입사했다. 이들은 변화된 경영 방침과 흐름 속에서 정체성을 고민하고 있다. 그래서 떠난 이들도 있고, 변화시키려고 하는 이들도 있다. 노조는 그런 시도의 일환이었다.

"아름다운가게 매니저들이 노조를 만들려고 2012년부터 2015년 사이에 논의를 많이 했어요. 그때 한 분이 제기했던 문제가 '우리가 활동가지 노동자냐?' 하는 거였어요. 하지만 우리는 사회적 가치를 추구하는 활동가이면서 또 임금을 받는 노동자로서 둘 다 충족하고 싶은데 그 둘을 다 충족하기가 점점 힘들어지고 있어요. 새로운 시도를 하며 지역사회에서 활동을 할 여지는 점점 주어지지 않고, 본부의 틀에 맞추어 따르라고 하는데 그러면 우리가 아름다운가게에서 일하고 싶다고 했을 때 기대했던 가치가 죽어버리는 거죠. 그냥 가게 점원이 되는 거죠. 노동자죠. 노동자도 좋아요. 순환의 가치를 확산시키는. 그런데 그렇다고 우리가 또 노동자로서 제대로 대우를 받느냐. 생각해 보면 그것도 아니에요."

아름다운가게 내부에는 '좋은 일 하는데 조금 힘들어도 참아야지'라는 문화가 일반화되어 바뀌지 않고 있다. '더불어 사는 가치'와 '그물코'를 이야기하지만, 그 가치를 추구하기 위해 내부 인력의 희생을 당연시하고 있다. 노조를 만들고자 노력한 몇 년 사이에도 본부 측의 별다른 움직임은 포착되지 않았다. 그런데도 노조 결성을 포기한 것은 매니저들이 노조를 만들면, 활동천사(자원봉사자)들은 "무임금 노동자로 착취를 당한다고 보아야 하나"는 질문에 직면했기 때문이다. 아름다운가게 직원들이 가졌던 활동가와 노동자 사이의 고민은 곧 김동현 매니저 자신의 고민이었다. 결국 그는 상록수점의 폐점과 함께 아름다운가게를 떠나기로 결심했다. 함께했던 박성윤 매니저는 아름다운가게에 남아 변화를 꾀하기로 했다.

상록수점
안녕

11

아름다운 가게는 진짜 희망이었어요.
지금도 희망이고. 애들도 거기서
다 자라고 옷도 거기서 샀지,
책도 거기서 봤지,
아이들을 위한 희망이었어요.

여기가 없어지면 안 돼.
다른 사람은 어떨지 몰라도
제가 본오동에서 사는 날까지
아름다운 가게를 사랑할 거예요.

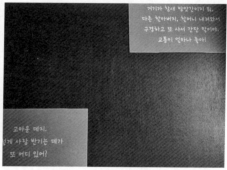

거기가 참새 방앗간이지 뭐.
다른 할아버지, 할머니 내려와서
구경하고 또 사서 간단 말이야.
교통이 얼마나 좋아!

고마운 데지.
싸게 사랑 받기는 데가
또 어디 있어?

폐점 며칠 전인 2017년 7월 28일, 가게에 현수막이 걸렸다. "안녕, 아름다운가게 상록수점" 안녕이라는 단어 뒤에 따라붙어야 할 부호가 무엇이었을까? 안녕? 안녕! 아니면 안녕. 오전 열 시에 사람들이 모이기 시작했다. 평소와 달리 가게 중앙 공간의 옷걸이는 치워지고 대신 어색한 테이블이 놓였다. 여기저기서 빌린 의자들은 모양도 높낮이도 제각각이다. 14년째 마을사람들의

'문턱 낮은 가게'였던 상록수점은 다가올 가을을 맞지 못하게 되었다. 벽면 진열장의 물건 뒤엔 이야기판이 숨겨져 있다. 초록바탕에 흰 글씨로, 이런저런 이야기가 가득하다. '물건은 사라져도 이야기가 남는다.' 우리들의 이야기가.

송별식에는 손님들과 자원봉사자들, 상록수점과 함께해온 본오복지관, 최용신기념관, 일다, 한양대 글로벌다문화연구원 사람들이 초대되었다. 매니저가 인사를 건넨다. "여러분 안

녕하세요?" 매니저의 표정으로는 속내를 알 수 없다. 손님들
은 막무가내로 묻는다. "진짜로 문 닫는 거예요?" "그냥 계속 하
면 안 돼요?" 폐점행사인지 알고 왔으면서도 아쉬워서, 서운해
서 한 번 더 묻는 것이다. 그들의 표현방식은 거칠고 투박하고
솔직하다.

　멀리 서울 장한평 아름다운가게 본부에서 온 처장은 무거운
표정으로 입을 연다. "아름다운가게와 나이가 같은 상록수점의

페점행사가 마음이 아프지만, 더 큰 나눔과 순환을 위해 이런 결정을 하게 되었습니다. 더 잘 나누기 위해 이별의 시간을 갖는 것입니다. 가능한 빨리 주변에 더 큰 매장을 열 테니 그곳에서 만났으면 좋겠습니다." 상록수점은 처음이지만 본부에서는 33번째 겪는 일이다. 그의 말은 대승적 차원에서는 옳은 말이다. 그러나 듣는 사람들은 서운하다. 자원봉사로 10여 년간 가게를

지켜왔던 활동천사들은 뒤편 창고에서 나오지 않는다. 한 말씀
부탁드린다 해도 극구 사양한다. 산이 높으면 골이 깊은 것처럼,
이들의 상록수점에 대한 애정, 주인의식, 책임감처럼 뜨거운 감
정들은 폐점으로 인해 차갑게 식었다. 서운함과 분노를 안으로
삭이느라 볼이 빨갛다.

　손님으로 초대되어 온 건빵 할머니 서말이 씨는 끝내 눈물을

상록수점 14주
상록수점

일 시 7월 28일(금) 10:30~18:00  장 소 아름다운가게

보인다. "이럴 줄 알았으면, 건빵만 사는 게 아니라 물건 좀 많이 사줄걸. 이렇게 문 닫을 줄 내 진짜 몰랐어요." 착한 사람들은 자기 탓을 한다. 함께해온 시간이 아름답기만 했을 리 없지만, 신이 준 망각이라는 선물 덕분에 작고 반짝이는 것들만 남았다. 그 반짝이는 것들을 되새기기 위해 우리는 가게와 14년의 기억을 함께 더듬는 이들의 이야기를 기록했다.

# 후기

아름다운가게 상록수점의 폐점과 그 과정을 둘러싼 여러 시선과 사람들의 이야기를 담는 것은 세상에 보고된 셀 수 없는 성공사례와 다른 가치가 있다. 실패사례야말로 현재 한국사회에서 가장 보편적인 사실이기 때문이다. 인터넷, TV, 라디오, 신문 어디에나 화려한 성공의 빛나는 사연이 흘러넘치는데, 나는 왜 맨날 이렇게 힘들고 어렵기만 한 건지 한탄해 본 적이 있는가? 누구나 그럴 거다. 같은 수치를 두고 정부와 노동사회연구원의 해석이 다르긴 하지만, 한국의 경제활동 인구의 35~50%는 비정규직이고, 워킹푸어의 비중은 쉬이 줄어들지 않는 것이 진짜 한국의 현실이기 때문이다.

그렇다고 이 책에 담긴 실패사례를 두고 누구를 콕 집어 "당신이 잘못했어", "너 때문이야"라고 지목하지 않았으면 좋겠다. 개인보다 조직을 우선시하는, 중앙중심 논리의, 무한경쟁 논리가 내면화 된, 고도자본주의가 당연하게 된 이 사회 어디서나 만날 수 있는 흔하디흔한 사례'들' 중 하나에 불과하기 때문이다. 독자들이 이 책을 읽으며 그저 어떤 가게의 안타까운 사연으로 넘기지 않았으면 하는 마음이 드는 것도 그 때문이다. 이것은 그들의 이야기로 만나는 우리의 이야기이다.

이 책을 우리의 이야기라고 강조하고 싶은 이유는 누구나 힘들어서가 아니다. 실패한 가게에도 그 가게에서 만나 타인과 소통하며 하루하루를 살아낸 삶의 이야기가 남았기 때문이다. 가게가 실패한 것이고, 가게가 문을 닫은 것일 뿐이다. 결국 가게에서 만난 사람들은 서로에게, 또 이 책을 쓴 우리에게 자기의 삶을 들려주고 서로 이해하고 이해받는 경험을 나눴다. 상호 존중과 이해라는 선물을 주고받은 '관계'를 갖게 되었다는 말이다. 경제적 실패는 당연히 아쉽고 쓰리다. 하지만 그 쓰림이 삶의 실패를 뜻하는 건 아니다. 가게에 남은 사람들의 이야기 속에서 그 당연한 진리가 다시 보이기 시작한다.

# 부 록

폐 점 반 대 탄 원 서

탄원서 2

# 아름다운가게 폐점 담당 귀하께

2014년 4월 16일

세월호 참사가 나고 억울하게 희생당한 자식들 때문에
길바닥에서 대정부 싸움하고 있는 유가족들이 그나마 숨 쉴 수 있는
공간이 있습니다.

안산 정부합동분향소 내 유가족기린 인쪽에 '416공방'이 그곳입니다.

그곳은 정신줄 놓고 죽음을 옆에 사는 단원고 부모들에게는
참사 이후 일가친척, 친구 아무도 만나질 못하는 유가족들에게는
작은 산소호흡기 같은 공간이었습니다.

아침에 눈이 떠지니가 살아야 했고 친정 방꽤에 맞서 싸우고
몸뻬로 맞으며 풍진노숙이라도 해야 지켜주지 못한 자식에 대한